5

일 만에 끝내는

TOEIC
Speaking

실전모의고사 20회

5일 만에 끝내는
TOEIC Speaking 실전 모의고사 20회

초판 1쇄 발행 2018년 10월 5일
개정 4판 2쇄 발행 2025년 1월 6일

지은이 황인기(제이크) · 시원스쿨어학연구소
펴낸곳 (주)에스제이더블유인터내셔널
펴낸이 양홍걸 이시원

홈페이지 www.siwonschool.com
주소 서울시 영등포구 영신로 166 시원스쿨
교재 구입 문의 02)2014-8151
고객센터 02)6409-0878

ISBN 979-11-6150-879-5 13740
Number 1-110303-18180400-02

『특허 제0557442호 가접별책 ®주식회사 비상교육』

머리말

안녕하세요, 토익스피킹 전문가 제이크입니다.

기존의 노란색 실전서를 전면 개정한 "5일 만에 끝내는 토익스피킹 실전모의고사 20회"로
여러분께 인사드립니다. 시중 실전서들이 가진 문제점을 보완하고, 오랜 기간 다듬어온 교수법과
현장에서 얻은 노하우를 결합하여 최고의 토익스피킹 실전서를 만들었습니다.

요즘 강의를 하다 보면 "시험이 전보다 어려워진 것 같다"는 말을 자주 듣습니다.
실제로 학습해야 할 문제 유형은 늘어났으며, 수험자를 혼란스럽게 하는 까다로운 문제가
자주 출제되고 있습니다.

하지만 걱정하지 마세요. 본 교재가 제공하는 엄선된 20회의 모의고사, 자세하고 체계적인 해설,
그리고 날카로운 답변 전략과 팁을 꼼꼼히 학습한다면 어떤 문제가 나와도 대처할 수 있을 것입니다.

이번 프로젝트를 위해 많은 도움을 주신 시원스쿨의 여러 분들께 진심으로 감사드립니다.
특히 문나라 파트장님과 황지현 대리님께서 많이 고생하셨습니다.
마지막으로, 언제나 곁에서 힘이 되어 주는 저의 가족들에게 고맙고 사랑한다는 말을 전합니다.

황인기 *Jake Hwang*

학습 플로우

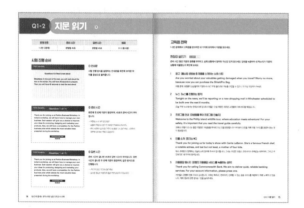

1. 문항별 핵심 이론 정리

본격적인 모의고사 연습에 앞서 꼭 알아두어야 할
문항별 필수 이론을 학습합니다.

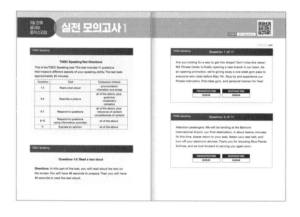

2. 실전 모의고사 연습

실제 시험과 동일한 방식으로 진행되는 모의고사 20회를
학습합니다. QR코드를 스캔하여 편리하게 실전 연습을
진행할 수 있습니다.

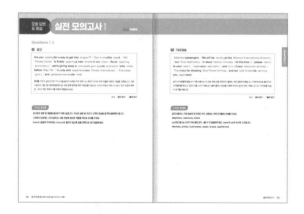

3. 모범 답변 및 해설 확인

수험자 입장에서 작성된 해설을 통해 자신의 답변을
점검할 수 있으며, 고득점 포인트 코너에서 다양한 답변
전략과 팁을 배울 수 있습니다.

모든 해설은 170점 이상을 받은 학생들의 답변을
바탕으로 하였으며, 제이크 선생님이 검수하고 수정하였
습니다.

학습 플랜

아래의 플랜은 가이드일 뿐이며, 개인의 영어 실력에 따라 더 적은 시간이 걸릴 수도 있고, 더 많은 시간이 필요할 수도 있습니다.

5일 완성 플랜

Day 1	Day 2	Day 3	Day 4	Day 5
문항별 핵심 이론 모의고사 1-3회	모의고사 4-7회	모의고사 8-11회	모의고사 12-15회	모의고사 16-20회

8일 완성 플랜

Day 1	Day 2	Day 3	Day 4
문항별 핵심 이론 모의고사 1회	모의고사 2-4회	모의고사 5-7회	모의고사 8-9회 모의고사 1-9회 복습
Day 5	Day 6	Day 7	Day 8
모의고사 10-12회	모의고사 13-15회	모의고사 16-18회	모의고사 19-20회 모의고사 10-20회 복습

12일 완성 플랜

Day 1	Day 2	Day 3	Day 4
문항별 핵심 이론 모의고사 1회	모의고사 2-3회	모의고사 4-5회	모의고사 6회 모의고사 1-6회 복습
Day 5	Day 6	Day 7	Day 8
모의고사 7-8회	모의고사 9-10회	모의고사 11회 모의고사 7-11회 복습	모의고사 12-13회
Day 9	Day 10	Day 11	Day 12
모의고사 14-15회	모의고사 16회 모의고사 12-16회 복습	모의고사 17-18회	모의고사 19-20회

책의 특징점

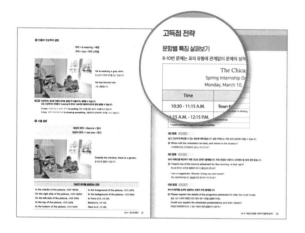

실전 연습을 위한
문항별 핵심 이론을 학습합니다.

기초가 부족한 분들도 실전 연습이 가능하도록
문항별 핵심 이론을 우선적으로 학습합니다.

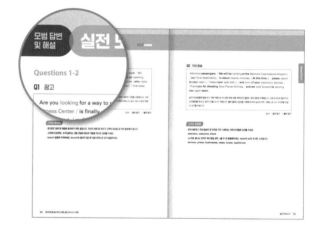

출제 가능성이 높은
모의고사 20회분을 수록했습니다.

자주 출제되는 대표 유형 뿐만 아니라, 출제 빈도가
낮은 고난도 유형도 빠짐없이 학습할 수 있습니다.

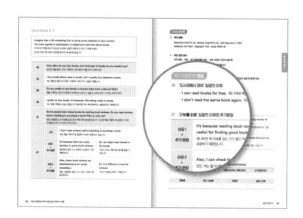

상세한 해설을 제공합니다.

자세하고 체계적인 해설을 통해 혼자 공부하는 분들도
쉽고 효과적으로 학습할 수 있습니다.

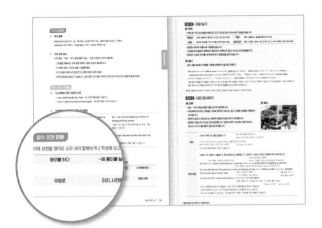

고득점 획득을 위한
다양한 학습 콘텐츠를 제공합니다.

추가 아이디어 연습, 필수 표현 리뷰, 문항별 핵심 정리
부록 등 다양한 부가 컨텐츠를 제공합니다.

QR코드로
학습 편의성을 높였습니다.

스마트폰을 이용해 언제 어디서나 토익스피킹
실전 연습을 진행할 수 있습니다.

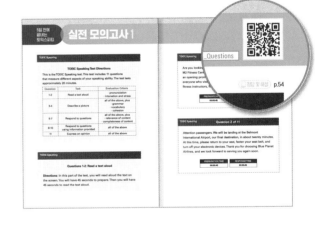

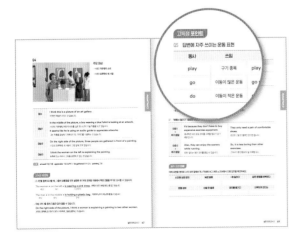

토익스피킹 1위 강사의
답변 전략과 팁을 공개합니다.

오직 학원 현장 강의에서만 들을 수 있는 유용한 팁을
아낌없이 담았습니다.

Y사 어학원 토익스피킹 수강생 수 전국 1위 2024.8 기준
유튜브 토익스피킹 부문 구독자 수 1위 (13.3만명) 2024.8 기준

토익 스피킹 기본 정보

1 시험의 목적

국제적인 비즈니스 환경에서 구어체 영어로 의사소통 하는 능력을 측정하는 시험입니다.
컴퓨터에 답변을 녹음하는 방식으로 진행되며, 크게 아래와 같은 내용을 평가하게 됩니다.

- 영어권 원어민 혹은 영어가 능통한 비원어민과 의사소통이 가능한지
- 적절한 표현을 사용하여 일상생활 혹은 업무 환경에서 필요한 대화를 할 수 있는지
- 일반적인 업무 환경에서 대화를 지속해 나갈 수 있는지

2 시험의 구성

문제 번호	문항 수	문제 유형	준비 시간	답변 시간	배점
1-2	2	지문 읽기	45초	45초	각 3점
3-4	2	사진 묘사하기	45초	30초	각 3점
5-7	3	듣고 질문에 답하기	3초	15/15/30초	각 3점
8-10	3	제공된 정보를 사용하여 질문에 답하기	표 읽기 45초 3초	15/15/30초	각 3점
11	1	의견 제시하기	45초	60초	5점

35점 만점 중 획득한 점수를 200점 만점으로 변환하여 성적표에 표기합니다.

3 점수별 등급

점수	등급
200	Advanced High
180-190	Advanced Mid
160-170	Advanced Low
140-150	Intermediate High
130	Intermediate Mid 3
120	Intermediate Mid 2
110	Intermediate Mid 1
90-100	Intermediate Low
60-80	Novice High
0-50	Novice Mid / Low

성적표에 점수와 등급이 함께 표기됩니다.

4 시험의 진행

시험은 주로 주말 오전 혹은 이른 오후에 진행됩니다. 평일에도 종종 시험이 있으니 토익스피킹 공식 홈페이지에서 날짜와 시험 시간을 미리 확인하세요.

입실에서 퇴실까지는 약 40분 정도가 소요되며, 시험의 진행 순서는 아래와 같습니다.

목차

문항별 핵심 이론

실전 모의고사 모범 답변 및 해설

실전 모의고사 (별책)

온라인 제공   **실전 모의고사 16~20**

* 실전 모의고사 16~20회의 모범 답변 및 해설은 시원스쿨랩(lab.siwonschool.com)에서 확인하실 수 있습니다.

부록

문항별 핵심 정리

문항별 핵심 이론

지문 읽기

문제 번호	준비 시간	답변 시간	배점
1-2번 (2문제)	문항별 45초	문항별 45초	0-3 (총 6점)

시험 진행 순서

TOEIC Speaking

Questions 1-2: Read a text aloud

Directions: In this part of the test, you will read aloud the text on the screen. You will have 45 seconds to prepare. Then you will have 45 seconds to read the text aloud.

① 안내문

시험 진행 방식을 설명하는 안내문을 화면에 보여준 뒤 이를 음성으로 들려줍니다.

TOEIC Speaking   **Question 1 of 11**

Thank you for joining us at Perkins Business Workshop. In today's workshop, we will learn how to manage your own business. Each session will give you a chance to improve your ideas for producing, designing and marketing your products. Also, we will have a competition for the Perkins business prize which selects the most valuable ideas presented during the workshop.

PREPARATION TIME
00:00:45

② 준비 시간

화면에 첫 번째 지문이 등장하며, 45초의 준비시간이 주어집니다.

• 지문을 소리 내어 읽으세요.
• 발음이 어렵거나 실수한 부분은 반복해서 읽으세요.
• 준비 시간이 남았다면 지문의 첫 줄을 다시 읽으세요. 긴장해서 초반에 실수하는 분들이 많습니다.

TOEIC Speaking   **Question 1 of 11**

Thank you for joining us at Perkins Business Workshop. In today's workshop, we will learn how to manage your own business. Each session will give you a chance to improve your ideas for producing, designing and marketing your products. Also, we will have a competition for the Perkins business prize which selects the most valuable ideas presented during the workshop.

RESPONSE TIME
00:00:45

③ 답변 시간

준비 시간이 끝나면 45초의 답변 시간이 주어집니다. 답변 시간이 끝나면 두 번째 지문이 등장하며, 같은 방식으로 진행됩니다.

• 서두르지 말고 천천히 읽으세요.
• 실수를 했다면 차분하게 틀린 부분부터 다시 읽으세요.

고득점 전략

1-2번 문제에서 고득점을 받으려면 네 가지에 유의해서 지문을 읽으세요.

현장감 살리기 🔊MP3 1_1

준비 시간 동안 지문의 종류를 파악하고, 실제 상황에서 말하듯 자신감 있게 읽으세요. 답변을 녹음하여 내 목소리가 지문의 상황에 어울렸는지 확인해 보세요.

1 **광고 [홈쇼핑 생방송 중 제품을 소개하는 쇼호스트]**

Are you worried about your valuables getting damaged when you travel? Worry no more, because now you can purchase the ShieldPro Bag.

여행 중에 귀중품이 손상될까봐 걱정되시나요? 이제 쉴드프로 가방을 구입할 수 있으니 더 이상 걱정하지 마세요.

2 **뉴스 [뉴스를 진행하는 앵커]**

Tonight on the news, we'll be reporting on a new shopping mall in Winchester scheduled to be built over the next 6 months.

오늘 저녁 뉴스에서는 윈체스터에 앞으로 6개월간 건설 예정인 새로운 쇼핑몰에 대해 보도할 예정입니다.

3 **프로그램 안내 [야생동물 투어 프로그램 인솔자]**

Welcome to the Phillip Island wildlife tour, where education meets adventure! For your safety, it's important that you read the travel guide carefully.

교육과 모험이 만나는 필립 아일랜드 야생동물 투어에 오신 것을 환영합니다! 여러분의 안전을 위해 여행 가이드를 꼼꼼히 읽는 것이 중요합니다.

4 **인물 소개 [토크쇼 MC]**

Thank you for joining us for today's show with Carrie LeBaron. She's a famous French chef, a notable actress, and last but not least, a mother of four kids.

캐리 르배런과 함께하는 오늘의 쇼에 참여해 주셔서 감사합니다. 그녀는 유명한 프랑스 요리사이자 주목받는 배우이며, 그리고 무엇보다도 네 아이의 엄마입니다.

5 **자동응답 메시지 [은행의 자동응답 서비스를 녹음하는 성우]**

Thank you for calling Commonwealth Bank. We aim to deliver quick, reliable banking services. For your account information, please press one.

커먼웰스 은행에 전화 주셔서 감사합니다. 저희는 빠르고, 편리하며, 신뢰할 수 있는 금융 서비스를 제공하기 위해 노력하고 있습니다. 계좌 정보에 관한 문의는 1번을 눌러주세요.

6 안내방송 (열차에서 안내방송을 하는 승무원)

Our next destination is Mater Hill Station. Before you leave the train, make sure you gather all your suitcases, jackets, and other personal items.

다음 목적지는 마터 힐 역입니다. 열차에서 내리기 전에, 가방, 재킷, 그리고 다른 개인 소지품을 모두 챙기시기 바랍니다.

강세 🔊 MP3 1_2

특정 단어를 더 강하게 읽음으로서 중요한 정보나 의미를 강조할 수 있습니다.

1 문장에서 중요한 정보를 전달하는 명사, 동사, 형용사에 강세를 두어 읽으세요.

First, connect the monitor to your computer using the red cable.

먼저, 모니터와 컴퓨터를 빨간 케이블로 연결하세요.

Are you looking for a delightful vacation on a luxury cruise?

호화로운 크루즈에서 즐거운 휴가를 보내고 싶으신가요?

2 숫자와 고유명사에 강세를 두어 읽으세요. 고유명사는 발음을 잘 모르더라도 자신 있게 읽는 것이 중요합니다.

Euphoria Hotel has a total of two hundred fifty rooms and four swimming pools.

유포리아 호텔은 총 250개의 객실과 4개의 수영장을 보유하고 있습니다.

3 부정어는 강세를 두어 읽으세요.

Unfortunately, if the weather does not improve, the event may be canceled.

안타깝게도, 날씨가 좋아지지 않으면 행사가 취소될 수 있습니다.

4 비교급과 최상급에는 강세를 두어 읽으세요.

Today's traffic is worse than yesterday, marking the worst day this month.

오늘의 교통 상황은 어제보다 더 나빠서 이번 달 중 가장 심각합니다.

5 형용사와 명사가 결합된 명사구에서는 두 단어 모두에 강세를 두어 읽으세요.

cheap price 저렴한 가격   light book 가벼운 책   broken chair 부서진 의자

억양 🔊 MP3 1_3

음성의 높낮이가 올라가거나 내려가는 것을 의미합니다.

1 쉼표로 끝나는 단어는 끝음을 올려 읽어주세요.

Today↗, I'd like to introduce our new job database.

오늘, 저는 새로운 구직 데이터베이스를 소개하려고 합니다.

2 나열된 3개의 명사나 형용사는 첫 두 항목의 끝음을 올려 읽어주세요.
   또한, 각 항목 사이를 끊어서 읽어 주세요.

At Lauren's Coffee Shop, we offer a wide selection of coffees↗, / teas↗, / and desserts.

로렌 커피숍에서는 다양한 커피, 차, 그리고 디저트를 제공합니다.

3 be동사나 조동사로 시작하는 의문문은 마지막 단어의 끝음을 올려 읽어주세요.

Have you been searching for a new apartment for your family↗?

가족을 위한 새로운 아파트를 찾고 있나요?

끊어 읽기 🔊 MP3 1_4

문장을 적절한 위치에서 끊어 읽으면 발음이 더 쉬워질 뿐만 아니라, 상대방이 내 말을 더 잘 이해할 수 있습니다.

1 단어나 문장을 연결하는 접속사 앞에서 끊어 읽으세요. 대표적인 접속사로 and, or, but, because가
   있습니다.

This new system will save us money / and also protect the environment.

이 새로운 시스템은 비용을 절감시켜 줄 뿐만 아니라 환경도 보호할 것입니다.

2 관계대명사 who, which, that과 관계부사 when, where, how 앞에서 끊어 읽으세요.

Your vote will decide / who becomes the next winner.

당신의 투표가 다음 우승자를 결정할 것입니다.

3 분사 앞에서 끊어 읽으세요. 분사는 동사의 '-ing' 또는 '-ed' 형태로, 명사를 뒤에서 수식하는 형용사 역할
   을 합니다.

We are going to review the ideas / presented at the workshop.

우리는 워크숍에서 제시된 아이디어를 검토할 예정입니다.

4 주어가 세 단어 이상일 경우, 동사 앞에서 끊어 읽으세요.

Please remember that the yellow lane on the highway / is reserved for buses.

고속도로의 노란색 차선은 버스 전용이라는 것을 기억해 주세요.

문제 번호	준비 시간	답변 시간	배점
3-4번 (2문제)	문항별 45초	문항별 30초	0-3 (총 6점)

시험 진행 순서

TOEIC Speaking

Questions 3-4: Describe a picture

Directions: In this part of the test, you will describe the picture on your screen in as much detail as you can. You will have 45 seconds to prepare your response. Then you will have 30 seconds to speak about the picture.

① 안내문

시험 진행 방식을 설명하는 안내문을 화면에 보여준 뒤 이를 음성으로 들려줍니다.

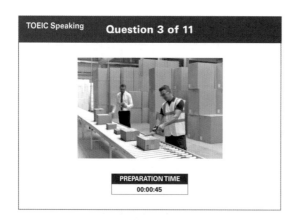

TOEIC Speaking   **Question 3 of 11**

PREPARATION TIME
00:00:45

② 준비 시간

화면에 첫 번째 사진이 등장하며, 45초의 준비시간이 주어집니다.

- 사진의 장소를 먼저 확인하세요.
- 묘사 순서를 정하고, 선정한 대상을 대표하는 키워드를 미리 생각해 두세요. (인물의 동작, 사물의 상태 및 이름)

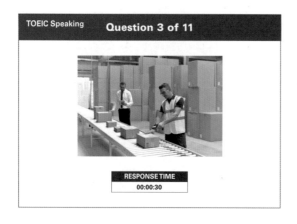

TOEIC Speaking   **Question 3 of 11**

RESPONSE TIME
00:00:30

③ 답변 시간

준비 시간이 끝나면 30초의 답변 시간이 주어집니다. 답변 시간이 끝나면 두 번째 사진이 등장하며, 같은 방식으로 진행됩니다.

고득점 전략

만점 답변 살펴보기

🔊MP3 1_5

장소	사진이 찍힌 장소를 설명합니다. I think this picture was taken in a kitchen. 이 사진은 부엌에서 찍힌 것 같습니다.
주요 대상	사진 내 비중이 큰 인물과 사물을 설명합니다. In the middle of the picture, a woman and a girl are using a tablet PC together. 사진의 가운데에, 한 여자와 여자아이가 함께 태블릿 PC를 사용하고 있습니다. Next to them, it seems like a boy is drawing something. 그들의 옆에, 한 남자아이가 뭔가를 그리는 것 같습니다. Behind him, a man wearing a gray shirt is cooking. 그의 뒤에, 회색 셔츠를 입은 남자가 요리를 하고 있습니다. Outside the window, there is a garden. 창 밖으로, 정원이 보입니다.

만점 답변 만들기

1   장소 말하기

사진이 찍힌 장소를 설명합니다.

I think this picture was taken + 전치사 + 장소

I think this is a picture of + 장소

I think this picture was taken in a kitchen.
이 사진은 부엌에서 찍힌 것 같습니다.

혹은

I think this is a picture of a kitchen.
이것은 부엌 사진인 것 같습니다.

2   주요대상 말하기

사진 내 비중이 큰 인물과 사물을 설명합니다. 문장의 앞에 위치 표현을 사용하세요.

❶ 인물의 동작 설명

대상의 위치 + 인물의 동작 (현재 진행형 시제)

In the middle of the picture,
a woman and a girl are using a tablet PC
together.
사진의 가운데에, 한 여자와 여자아이가 함께 태블릿 PC
를 사용하고 있습니다.

❷ 인물의 인상착의 설명

주어 + is wearing + 복장

주어 + has + 머리 스타일

He is wearing a gray shirt.

그는 회색 셔츠를 입고 있습니다.

He has blonde hair.

그는 금발입니다.

TIP 인상착의는 중요한 인물의 동작을 설명한 후 인상착의를 덧붙이거나 생략할 수 있습니다.
또한, 인상착의는 현재분사 'wearing'과 전치사 'with'를 이용하여 동작과 함께 설명할 수 있습니다.

A man wearing a gray shirt **is cooking.** 회색 셔츠를 입은 남자가 요리를 하고 있습니다.
A boy with blonde hair **is drawing something.** 금발머리의 남자아이가 뭔가를 그리고 있습니다.

❸ 사물 설명

대상의 위치 + there is + 명사

대상의 위치 + I can see + 명사

Outside the window, there is a garden.

창 밖으로 정원이 보입니다.

대상의 위치를 설명하는 표현

In the middle of the picture, 사진의 가운데에,	In the foreground of the picture, 사진의 앞쪽에,
On the right side of the picture, 사진의 오른쪽에,	In the background of the picture, 사진의 배경에,
On the left side of the picture, 사진의 왼쪽에,	In front of A, A의 앞에,
At the top of the picture, 사진의 상단에,	Behind A, A의 뒤에,
At the bottom of the picture, 사진의 하단에,	Next to A, A의 옆에,

유형별 답변 구성

1 인물 중심 (2인)

| 장소 | ⊘ | 인물 1
동작 + 인상착의 | ⊘ | 인물 2
동작 + 인상착의 | ⊘ | 추가 문장 |

- 두 인물의 동작과 인상착의를 각각 설명해 주세요.
- 두 명 모두 설명한 후, 시간이 남으면 사물을 한 가지 묘사하거나 개인적인 의견을 추가해 주세요.

2 인물 중심 (3~6인)

| 장소 | ⊘ | 인물 1 | ⊘ | 인물 2 | ⊘ | 인물 3 |

- 모든 인물을 묘사하지 않아도 됩니다.
- 인물의 동작 위주로 묘사하시고, 공통점이 있는 인물들은 함께 묘사해 주세요.
- 비중이 큰 인물에 한해 인상착의를 묘사해 주세요.

3 인물 중심 (1인)

장소	⊙	인물 (동작 2개 + 인상착의 1개) 혹은 (동작 1개 + 인상착의 2개)	⊙	사물	⊙	두 번째 사물 혹은 개인적인 의견

• 인물의 세 가지 특징을 'wearing' 혹은 'with'를 사용하여 두 문장으로 말해주세요.

4 인물과 배경 중심

장소	⊙	대상 1	⊙	대상 2	⊙	대상 3

• 비중이 큰 대상을 각각 한 문장으로 묘사하세요.
• 공통점이 있는 인물들은 함께 묘사해 주세요.
• 답변 시간이 남으면 대상을 한 가지 더 묘사해 주세요.

장소 별 필수표현 모음 🔊 MP3 1_6

사무실 (office)

giving a presentation 발표를 하다
having a meeting 회의를 하다
looking at a monitor 모니터를 쳐다보다
pointing at a monitor 모니터를 가리키다
making a copy 복사를 하다
reading a document 서류를 읽다
shaking hands 악수를 하다
taking notes 필기를 하다

매장 (store)

handing a credit card 신용카드를 건네다
pushing a shopping cart 쇼핑카트를 밀다
putting an apple into a bag 사과를 봉투에 넣다
standing at a checkout counter 계산대에 서 있다
be displayed on the shelves 선반에 진열되어 있다
be stacked 쌓여 있다

레스토랑, 카페 (restaurant, café)

placing an order 주문을 하다
taking an order 주문을 받다
reading a menu 메뉴를 읽다
showing a menu to a man 남자에게 메뉴를 보여주다
sitting under a parasol 파라솔 아래에 앉아 있다
talking to each other 서로 이야기를 하다

집 (home)

carrying a box 상자를 나르다
hanging a frame on the wall 액자를 벽에 걸다
having a meal 식사를 하다
mopping the floor 대걸레로 바닥을 닦다
sitting on a sofa 소파에 앉아 있다
wiping a kitchen counter 부엌 조리대를 닦다
vacuuming the floor 청소기로 바닥을 청소하다

거리 (street)

crossing a road 길을 건너다
looking for something in a bag 가방에서 뭔가를 찾다
riding a scooter 스쿠터를 타다
talking on the phone 통화를 하다
waiting for a green light 녹색 신호를 기다리다
be parked on the side of the road 길가에 주차되어 있다

공항 (airport)

looking at a watch 시계를 보다
pulling a suitcase 여행 가방을 끌다
reading a newspaper 신문을 읽다
standing in a line 한 줄로 서있다
outside the window 창 밖에
picking up a suitcase 여행 가방을 집어 들다

도서관 (library)

scanning a book 책의 바코드를 스캔하다
taking a book from a bookshelf 책장에서 책을 꺼내다
using a laptop 노트북 컴퓨터를 사용하다
writing something on the paper 종이에 뭔가를 적다
be arranged on the bookshelves 책장에 꽂혀있다
leaning against a bookshelf 책장에 기대어 있다

라운지, 로비 (lounge & lobby)

going down the stairs 계단을 내려오다
going up the stairs 계단을 올라가다
holding a mug 머그잔을 들고 있다
taking an escalator 에스컬레이터를 이용하다
using a smartphone 스마트폰을 사용하다
walking out of an elevator 엘리베이터에서 나오다

공원 (park)

jogging in the park 공원에서 조깅을 하다
playing musical instruments 악기를 연주하다
riding a bicycle 자전거를 타다
sitting on a bench 벤치에 앉아 있다
taking a picture 사진을 찍다
walking a dog 개를 산책시키다
walking along the road 길을 따라 걷다

물가 (waterfront & beach)

fishing 낚시를 하다
swimming in the water 물에서 수영을 하다
walking along the shore 해변을 따라서 걷다
paddling the boat 배의 노를 젓다
riding in a boat 보트를 타다
be docked 정박되어 있다

교실 (classroom)

writing something on the whiteboard
화이트보드에 뭔가를 쓰다
explaining something 뭔가를 설명하다
teaching a class 수업을 진행하다
taking notes 필기를 하다
holding up their hands 손을 들고 있다
taking a class 수업을 듣다
doing an experiment 실험을 하다

Q5-7 듣고 질문에 답하기

문제 번호	준비 시간	답변 시간	배점
5-7번 (3문제)	문항별 3초	15초 / 15초 / 30초	0-3 (총 9점)

시험 진행 순서

TOEIC Speaking

Questions 5-7: Respond to questions

Directions: In this part of the test, you will answer three questions. You will have three seconds to prepare after you hear each question. You will have 15 seconds to respond to Questions 5 and 6 and 30 seconds to respond to Question 7.

① 안내문

5-7번 문제 진행 방식을 설명하는 안내문을 보여주고, 이를 음성으로 들려줍니다.

TOEIC Speaking

Imagine that an Australian marketing firm is doing research in your country. You have agreed to participate in a telephone interview about your hometown.

② 상황 설명

대화가 이루어지고 있는 현재 상황을 설명해줍니다.

TOEIC Speaking　Question 5 of 11

Imagine that an Australian marketing firm is doing research in your country. You have agreed to participate in a telephone interview about your hometown.

Where is your hometown and do you still live there?

PREPARATION TIME	RESPONSE TIME
00:00:03	00:00:15

③ 문제 화면

- 5번 문제를 읽어준 뒤, 3초의 준비 시간과 15초의 답변 시간이 주어집니다.
- 6번 문제를 읽어준 뒤, 3초의 준비 시간과 15초의 답변 시간이 주어집니다.
- 7번 문제를 읽어준 뒤, 3초의 준비 시간과 30초의 답변 시간이 주어집니다.

고득점 전략

5, 6번 답변하기
15초의 답변 시간이 주어지는 5, 6번 문제는 크게 두 가지 유형으로 나뉩니다.

유형1 두 가지를 묻는 유형

아래 순서대로 답변을 만들어주세요.

1 의문사와 시제 확인하기

Q. <u>When was</u> the last time you stayed at a hotel, and <u>how long did</u> you stay?
　　언제　과거　　　　　　　　　　　　　　　　　　　기간　과거

마지막으로 호텔에 머문 것이 언제였고, 얼마나 오래 머물렀나요?

2 답변의 주어 선정하기

• 질문에 be동사가 있는 경우, be동사 뒤부터 문장의 주어가 됩니다.

• 질문에 be동사가 없는 경우, 주어 역할을 할 수 있는 단어를 찾으세요. (you, it 등)

Q. When <u>was</u> the last time <u>you</u> stayed at a hotel, and <u>how long</u> did <u>you</u> <u>stay</u>?
　　의문사 be동사　　　　　　주어　　　　　　　　의문사　　　주어 동사

A. <u>The last time I stayed at a hotel</u> was about 3 months ago, and <u>I</u> <u>stayed</u> for 2 days.
　　　　　주어　　　　　　　　　be동사　　의문사 답변　　　주어 동사　의문사 답변

마지막으로 호텔에 머문 것은 약 3개월 전이고, 저는 이틀간 머물렀습니다.

3 영어 면접을 보듯 현장감을 살려 말하며, 강세, 억양, 끊어 읽기에 유의해서 답변하세요.

A. The last time I stayed at a hotel / was about 3 months ago↗, / and I stayed for
2 days.

답변으로 자주 사용되는 표현

대표 의문사	자주 사용되는 표현	
When (시점)	at 7 P.M. 저녁 7시에 on weekdays/weekends 평일에/주말에 about two weeks ago 약 2주 전에	after work/school 퇴근 후/하교 후 yesterday 어제 last week 지난 주에
How often (빈도)	almost every day 거의 매일 once or twice a day 하루에 한두 번	once a week 일주일에 한 번 once a month 한달에 한 번
Where (장소)	at home/work/school 집/직장/학교에서 at a department store 백화점에서	on the subway 지하철에서 on the internet 인터넷에서
Who (사람)	with my friends 친구와 함께	alone 혼자서

TIP 이 외에도 개인적으로 선호하는 표현이 있다면 함께 정리해 두세요.

유형 2 이유를 추가로 묻는 유형

한 질문에 답한 후, 그 답변에 대한 이유를 설명하는 유형입니다.

Q. Would you prefer to make hotel reservations online or by phone? Why?
> 호텔 예약을 온라인으로 하는 것과 전화로 하는 것 중 어느 것을 선호하시나요? 그 이유는 무엇인가요?

(온라인)

A. I would prefer to make hotel reservations online. It's because it is convenient to compare room options and prices.
> 저는 온라인으로 호텔 예약을 하는 것을 선호합니다. 왜냐하면 방의 종류와 가격을 비교하기 편리하기 때문입니다.

(전화)

A. I would prefer to make hotel reservations by phone. It's because I can communicate with the hotel staff quickly.
> 저는 온라인으로 호텔 예약을 하는 것을 선호합니다. 왜냐하면 호텔 직원과 빠르게 소통할 수 있기 때문입니다.

이유 설명에 자주 사용되는 구문

다양한 표현을 사용하는 것보다 몇 가지 표현을 집중적으로 연습하는 것이 단기간에 영작 실력을 향상시키는 데 도움이 됩니다.

구문	문장
can + 동사 ~할 수 있다	We can concentrate on our work. 우리는 일에 집중할 수 있습니다.
It is + 형용사 + to 동사 '동사'하는 것은 '형용사'하다	It was difficult to learn yoga alone. 요가를 혼자 배우는 것은 어려웠습니다.
There is / are + 명사 (어떤 장소에) '명사'가 있다	There is a café in my office building. 우리 사무실 건물에는 카페가 있습니다.
should / need to + 동사 '동사'해야 한다	They need to extend their business hours. 그들은 영업시간을 연장해야 합니다.
don't have to + 동사 '동사'할 필요가 없다	I don't have to transfer. 저는 환승을 하지 않아도 됩니다.

7번 답변하기

7번 문제는 선택형과 비선택형 문제로 나뉩니다.

1 선택형 문제

두가지 혹은 세가지 선택지 중 하나를 골라 '이유'를 설명하는 유형입니다.

> When choosing a hotel, which of the following is the most important to you, and why?
> ·A good view ·A swimming pool in the hotel ·Breakfast provided by the hotel

> 호텔을 선택할 때, 다음 중 무엇이 가장 중요하다고 생각하며, 그 이유는 무엇인가요?
> ·좋은 전망 ·호텔 내 수영장 ·호텔에서 제공하는 조식

답변 방식

1) 두 가지 이유 말하기

시작 문장을 만든 후, 두 가지 이유를 설명하세요. 시간이 남으면 두 번째 이유와 자연스럽게 이어지는 추가 문장을 덧붙이세요.

시작 문장 ◎ 이유 1 (It's because) ◎ 이유 2 (Also,) ◎ 추가 문장
시간이 남으면

2) 이유와 추가 문장 말하기

시작 문장에 대한 이유를 설명하고, 자연스럽게 이어지는 추가 문장을 덧붙이세요. 시간이 남으면 두 번째 이유를 설명하세요.

시작 문장 ◎ 이유 (It's because) ◎ 추가 문장 ◎ 이유 2 (Also,)
시간이 남으면

시작	I think breakfast provided by the hotel is the most important to me. 호텔에서 제공하는 조식이 저에게 가장 중요하다고 생각합니다.	
이유 1 + 추가 문장	It's because I don't need to look for a restaurant in the morning. 왜냐하면 아침에 식당을 찾을 필요가 없기 때문입니다.	So, I can use my time more efficiently while traveling. 그래서 여행 중에 시간을 더 효과적으로 사용할 수 있습니다.
이유 2 + 추가 문장	Also, most hotels provide excellent breakfast menus. 또한, 대부분의 호텔은 훌륭한 아침식사 메뉴를 제공합니다.	So, I can have a healthy and luxurious breakfast. 그래서 저는 건강하고 호화로운 아침식사를 할 수 있습니다.

2 비선택형 문제

제시된 주제에 대한 자신의 '의견'을 설명하는 유형입니다.

What are the advantages of staying in a hotel rather than staying at a friend's or relative's house while traveling?
여행 중 친구나 친척 집에 머무는 것보다 호텔에서 머무는 것의 장점은 무엇인가요?

답변 방식

1) 두 가지 의견 말하기

시작 문장을 만든 후, 두 가지 의견을 설명하세요. 비선택형 문제에서는 시작 문장을 생략할 수 있으며, 시간이 남으면 두 번째 의견과 자연스럽게 이어지는 추가 문장을 덧붙이세요.

시작 문장 ◉ 의견 1 (First,) ◉ 의견 2 (Second,) ◉ 추가 문장
생략 가능   시간이 남으면

2) 의견과 추가 문장 말하기

시작 문장에 대한 의견을 설명하고, 자연스럽게 이어지는 추가 문장을 덧붙이세요. 시간이 남으면 두 번째 의견을 설명하세요.

시작 문장 ◉ 의견 1 (First,) ◉ 추가 문장 ◉ 의견 2 (Second,)
생략 가능   시간이 남으면

시작 (생략 가능)	There are some advantages of staying in a hotel rather than staying at a friend's or relative's house while traveling. 여행 중 친구나 친척 집에 머무는 것보다 호텔에서 머무는 것에는 몇 가지 장점이 있습니다.	
의견 1 **+** **추가 문장**	First, we can rest more comfortably. 첫 번째로, 우리는 더 편안하게 쉴 수 있습니다.	It's because we don't have to worry about bothering them. 왜냐하면 우리가 그들의 눈치를 보지 않아도 되기 때문입니다.
의견 2 **+** **추가 문장**	Second, hotels are usually located in convenient areas. 두 번째로, 호텔은 보통 편리한 지역에 위치해 있습니다.	So, it's easier to get to tourist attractions. 그래서 관광지로 이동하기 더 쉽습니다.

문제 번호	준비 시간	답변 시간	배점
8-10번 (3문제)	표 읽는 시간: 45초 답변 준비 시간: 문항별 3초	15초 / 15초 / 30초	0-3 (총 9점)

시험 진행 순서

① 안내문

8-10번 문제 진행 방식을 설명하는 안내문을 보여주고, 이를 음성으로 들려줍니다.

② 표 읽기

화면에 표가 표시되며, 표를 읽는 데 45초가 주어집니다.

• 표는 화면에 계속 표기됩니다.

③ 내레이션 및 문제

• 상황을 설명하는 내레이션이 끝나면 8번 문제를 한 번 들려줍니다. 그 후 3초의 준비 시간과 15초의 답변 시간이 주어집니다.

• 9번 문제를 한 번 들려준 뒤, 3초의 준비 시간과 15초의 답변 시간이 주어집니다.

• 10번 문제를 두 번 들려준 뒤, 3초의 준비 시간과 30초의 답변 시간이 주어집니다.

고득점 전략

문항별 특징 살펴보기

8-10번 문제는 표의 유형에 관계없이 문제의 성격이 유사합니다.

The Chicago Times Spring Internship Orientation Program Monday, March 10, Conference Room B	
Time	Session
10:30 - 11:15 A.M.	~~Tour: Newsroom~~ (Moved to Thursday)
11:15 A.M. - 12:15 P.M.	Presentation: Benefits Overview
12:15 - 1:30 P.M.	Lunch Break
1:30 - 2:20 P.M.	Presentation: Effective Communication in Writing (Jane Doe, Content Editor)
2:30 - 3:15 P.M.	Tour: Printing Press and Archives
* Lunch provided (Vegetarian meals available)	

8번 문제 (난이도: 하 ★☆☆)

쉽고 간단하게 확인할 수 있는 정보에 대해 묻습니다. 답변 키워드는 주로 표의 상단에서 찾을 수 있습니다.

예 When will the orientation be held, and where is the location?

오리엔테이션은 언제 열리며, 장소는 어디인가요?

9번 문제 (난이도: 상 ★★★)

표의 이해도를 확인하기 위한 고난도 문제가 출제됩니다. 주로 변경된 사항이나 유의해야 할 점에 대해 묻습니다.

예 I heard one of the tours is scheduled for the morning. Is that right?

하나의 투어가 오전에 예정되어 있다고 들었는데, 맞나요?

I am a vegetarian. Should I bring my own lunch?

저는 채식주의자입니다. 점심을 따로 준비해 가야 하나요?

10번 문제 (난이도: 중 ★★☆)

복수의 항목을 상세히 설명하는 유형이 주로 출제됩니다.

예 Please explain the details of the programs scheduled for after the lunch break.

점심 시간 이후에 예정된 프로그램의 세부 사항을 설명해 주세요.

Could you explain the scheduled presentations and their details?

예정된 프레젠테이션과 그 세부 사항에 대해 설명해 주시겠어요?

유형별 필수 표현

자주 출제되는 유형의 필수 표현을 학습해 두세요. 일정한 리듬으로 자연스럽게 말할 수 있을 때까지 반복해서 연습하세요.

공통 표현 🔊 MP3 1_7

모든 유형에 사용되는 표현입니다.

1 시간 및 장소 설명

The conference will be held on August 17th at The Norman Park Hotel.
컨퍼런스는 8월 17일에 노만 파크 호텔에서 개최될 것입니다.

2 사람 이름이 포함되지 않은 세션 설명

A panel discussion on online magazines is scheduled at 2 P.M.
온라인 잡지에 대한 공개 토론회가 오후 2시에 예정되어 있습니다.

There will be a panel discussion on online magazines at 2 P.M.
오후 2시에 온라인 잡지에 대한 공개 토론회가 있을 것입니다.

3 잘못된 정보 정정

I'm sorry, but you have the wrong information. 죄송하지만, 잘못 알고 계십니다.
I'm sorry, but there seems to be a misunderstanding. 죄송하지만, 오해가 있으신 것 같습니다.

4 비용 설명

It is $30. 혹은 It costs $30. 가격은 30달러입니다.

5 취소된 정보 설명

(명사) has/have been canceled. (명사)가 취소되었습니다.

6 10번 답변 시작 시

There are two scheduled (명사). 두 개의 예정된 (명사)가 있습니다.

> **TIP** 표의 내용을 참고하여 괄호 안에 들어갈 명사를 정하세요.

고객이나 직장 동료에게 컨퍼런스나 세미나 등 다양한 프로그램의 일정을 설명하는 유형입니다.

Magazine Publishing Society's Annual Conference
August 17th, Lindum Hotel

Time	Session
9:00 ~ 10:00	Welcome Speech (Rich Mills)
10:00 ~ 11:00	Lecture: The Future of Magazines (William Adams)
2:00 ~ 3:00	Workshop: Magazine Design Basics (Lisa Johnson)

---

1 사람 will give a 프로그램 on 주제 + 시간 정보

William Adams will give a lecture on "The Future of Magazines" at 10 A.M.

윌리엄 애덤스는 오전 10시에 "잡지의 미래"에 대한 강의를 할 것입니다.

> **TIP** give와 함께 사용되는 프로그램
> **speech** 연설 **lecture** 강의 **presentation** 발표 **report** 보고 **introduction** 소개

2 사람 will lead a 프로그램 on 주제 + 시간 정보

Lisa Johnson will lead a workshop on "Magazine Design Basics" at 2 P.M.

리사 존슨은 오후 2시에 "잡지 디자인 기초" 워크숍을 진행할 것입니다.

> **TIP** lead와 함께 사용되는 프로그램
> **workshop** 워크숍 **session** 세션 **discussion** 토론 **seminar** 세미나

3 A 프로그램 on 주제 will be conducted by 사람 + 시간 정보

A lecture on "The Future of Magazines" will be conducted by William Adams at 10 A.M.

"잡지의 미래"에 대한 강의는 오전 10시에 윌리엄 애덤스로부터 진행 될 것입니다.

> **TIP** 답변 시간이 충분하다면 from (시작 시간) to (끝나는 시간) 구문을 이용해서 시간 정보를 설명하세요.

자신의 일정에 대해 묻는 직장 동료의 질문에 대답하는 유형입니다.

Jane Cho, Photographer Business Trip Itinerary		
Date	**Time**	**Activity**
Monday August 5	12:30 P.M.	Depart from Barcelona (British Airways Flight 214)
	3:00 P.M.	Arrive in London
	7:00 P.M.	Dinner with Emily Brown
Tuesday August 6	9:00 - 5:00 P.M.	Photography Conference
	7:30 P.M.	Meeting with Fashion Designers

1　예정된 일정을 설명하는 시제

• 현재 시제: 확정된 미래 일정이나 변동 가능성이 거의 없는 일정을 설명할 때 사용합니다.

You depart from Barcelona on British Airways Flight 214 at 12:30 P.M.

당신은 오후 12시 30분에 영국항공 214편으로 바르셀로나에서 출발합니다.

• be going to 시제: 개인적인 계획을 설명할 때 사용하며, 일정이 변경될 수 있습니다.

You are going to have dinner with Emily Brown at 7 P.M.

당신은 저녁 7시에 에밀리 브라운과 저녁을 먹을 예정입니다.

> **TIP**　going 대신 분사 scheduled를 사용할 수도 있습니다.

2　동사 have (회의나 행사를 주관하거나 주도하는 상황일 때)

You are going to have a meeting with fashion designers at 7:30 P.M.

당신은 오후 7시 30분에 패션 디자이너들과 회의를 할 예정입니다.

3　동사 attend (참가자로서 회의나 행사에 참석할 때)

You are scheduled to attend a photography conference from 9 A.M. to 5 P.M.

당신은 오전 9시부터 오후 5시까지 사진 컨퍼런스에 참석할 예정입니다.

강의 일정에 대해 묻는 고객의 질문에 대답하는 유형입니다. 강의 일정은 강사 이름이 포함된 일정과 그렇지 않은 일정으로 구분됩니다.

• 강사 이름이 포함된 일정

Rochester Fitness Center			
Class	**Day**	**Time**	**Instructor**
Strength Training	Tuesdays	6-7 P.M.	Sherin Lee
Fitness Aerobics	Thursdays	7-8 P.M.	Ashley Drake

1   강사 will teach a class on 과목명 + 시간 정보

Sherin Lee will teach a class on "Strength Training" on Tuesdays from 6 to 7 P.M.

셰린 리는 매주 화요일 오후 6시부터 7시까지 "근력 훈련" 수업을 가르칠 예정입니다.

2   A class on 과목명 will be conducted by 강사 + 시간 정보

A class on "Fitness Aerobics" will be conducted by Ashley Drake on Thursdays from 7 to 8 P.M.

애슐리 드레이크는 매주 목요일 오후 7시부터 8시까지 "피트니스 에어로빅" 수업을 진행할 예정입니다.

TIP 1,2번 표현을 10번 문제의 답변에서 함께 사용하는 경우, 2번 표현의 'a'를 'another'로 바꾸세요.

• 강사 이름이 포함되지 않은 일정

Capital Investment Institute		
Class	**Day**	**Time**
The Basics of Investment	Mondays	7-8 P.M.
Portfolio Management	Fridays	10-11 A.M.

1   You can take a class on 과목명 + 시간 정보

You can take a class on "The Basics of Investment" on Mondays from 7 to 8 P.M.

"투자의 기초" 수업은 매주 월요일 오후 7시부터 8시까지 들을 수 있습니다.

2   A class on 과목명 is scheduled + 시간 정보

A class on "Portfolio Management" is scheduled for Fridays from 10 to 11 A.M.

"포트폴리오 관리" 수업은 매주 금요일 오전 10시부터 11시까지 예정되어 있습니다.

TIP 반복되는 일정이나 장기적인 계획을 설명할 때는 요일 앞에 전치사 'on'뿐만 아니라 'for'도 사용할 수 있습니다.

곧 있을 면접에서 면접관으로 참여하는 직장 동료의 질문에 대답하는 유형입니다.

Blackstone Investment Company
Job Interview Schedule
Monday, March 21

Time	Name	Position
9:30 A.M.	Emma Brown	Social Media Strategist
10:00 A.M.	Michael Davis	Digital Marketing Manager
10:30 A.M.	Sarah Wilson	Social Media Coordinator

---

1   interview를 동사로 사용하기

You will interview 지원자 for the 직책 position + 시간 정보

You will interview Emma Brown for the social media strategist position at 9:30 A.M.

당신은 오전 9시 30분에 소셜 미디어 전략가 직책에 지원한 엠마 브라운을 면접할 예정입니다.

2   interview를 명사로 사용하기

There will be an interview with 지원자, who is applying for the 직책 position + 시간 정보

There will be an interview with Sarah Wilson, who is applying for the social media coordinator position at 10:30 A.M.

오전 10시 30분에 소셜 미디어 코디네이터 직책에 지원한 사라 윌슨과의 면접이 있을 예정입니다.

> **TIP**
> • interview를 동사로 사용하는 문장에서도 who is applying을 지원자 뒤에 추가할 수 있습니다.
> • 문장이 너무 길고 어려우면 who is applying을 생략하세요.
> • 1,2번 표현을 10번 문제의 답변에서 함께 사용하는 경우 2번 표현의 an을 another로 바꾸세요.

기사, 책, 영화 등 다양한 콘텐츠의 출시 일정에 대한 질문에 답변하는 유형입니다.

1   A titled B will be released + 시간 정보

   A book titled "Destiny" will be released on May 7th.

   "데스티니"라는 제목의 책이 5월 7일에 출간될 것입니다.

2   A + 과거분사 by B will come out + 시간 정보

   A smartphone manufactured by Vista Electronics will come out on June 13th.

   비스타 전자에서 제조된 스마트폰이 6월 13일에 출시될 것입니다.

   TIP 'will be released'와 'will come out'은 의미가 유사하며, 서로 바꿔 쓸 수 있습니다.

유형 6 **이력서** 🔊 MP3 1_13

곧 있을 면접에서 면접관으로 참여하는 직장 동료의 질문에 대답하는 유형입니다.

1   **학력 설명하기**

   He/She received + 학위의 종류 + in 전공 이름 + at 출신 대학 + in 졸업 년도

   She received a master's degree in modern design at Newcastle University in 2021.

   그녀는 2021년에 뉴캐슬 대학교에서 모던 디자인 석사 학위를 받았습니다.

2   **경력 설명하기**

   • 과거 경력 설명

   He/She worked at 직장 이름 + as a 직책 + from 근속 기간

   She worked at Evok Kitchen Design as a product designer from 2017 to 2021.

   그녀는 에보크 키친 디자인에서 제품 디자이너로 2017년부터 2021년까지 일했습니다.

   • 현재 재직 정보 설명

   He/She has been working at 직장 이름 + as a 직책 + since 입사연도

   She has been working at KitchenMate as a senior designer since 2021.

   그녀는 2021년부터 키친메이트에서 수석 디자이너로 일하고 있습니다.

의견 제시하기

문제 번호	준비 시간	답변 시간	배점
11번 (1문제)	45초	60초	0-5 (총 5점)

시험 진행 순서

TOEIC Speaking

Questions 11: Express an opinion

Directions: In this part of the test, you will give your opinion about a specific topic. Be sure to say as much as you can in the time allowed. You will have 45 seconds to prepare. Then you will have 60 seconds to speak.

① 안내문

11번 문제 진행 방식을 설명하는 안내문을 보여주고, 이를 음성으로 들려줍니다.

TOEIC Speaking

For business leaders, which of the following quality is the most important for their success?

· Time management skills
· Communication skills
· Financial planning skills

RESPONSE TIME
00:00:45

② 준비 시간

화면에 문제가 표시되며, 이를 읽어줍니다. 그 후 45초의 준비시간이 주어집니다.

• 문제는 사라지지 않습니다.
• 답변 아이디어의 주요 키워드를 한글 또는 영어로 적어 두세요.

TOEIC Speaking **Question 11 of 11**

For business leaders, which of the following quality is the most important for their success?

· Time management skills
· Communication skills
· Financial planning skills

RESPONSE TIME
00:01:00

③ 답변 시간

그 후 답변 시간이 60초 주어집니다.

고득점 전략

만점 답변 살펴보기　🔊 MP3 1_14

Do you agree or disagree with the following statement?
Starting a business is easier now than it was in the past.
Give reasons or examples to support your opinion.
다음의 의견에 동의하나요, 반대하나요?
사업을 시작하는 것이 과거보다 지금이 더 쉽습니다.
당신의 의견을 뒷받침하기 위한 이유나 예시를 제시하세요.

Step 1 시작 문장	**질문에 대한 자신의 입장 밝히기**
	I agree that starting a business is easier now than it was in the past. 저는 사업을 시작하는 것이 과거보다 지금이 더 쉽다는 것에 동의합니다.

Step 2 이유 설명	**선택한 입장에 대한 이유 설명하기**
	Most of all, we can start a business on a low budget. 무엇보다도, 우리는 적은 예산으로 사업을 시작할 수 있습니다. Specifically, we can get various financial support from the government. 구체적으로 말하면, 우리는 정부로부터 다양한 재정적 지원을 받을 수 있습니다.

Step 3 예시 설명	**이유를 뒷받침하기 위한 구체적인 예시 설명**
	In the case of my best friend, she opened a flower shop about 2 years ago. 제 가장 친한 친구의 경우, 그녀는 약 2년 전에 꽃집을 열었습니다. While running the flower shop, she didn't have to pay taxes for the first 6 months. Also, she received subsidies from the government often. 꽃집을 운영하는 동안, 그녀는 첫 6개월 동안 세금을 내지 않아도 되었습니다. 또한, 그녀는 정부로부터 자주 지원금을 받았습니다. As a result, she didn't have to take out a loan to run the flower shop. 그 결과, 그녀는 꽃집을 운영하기 위해 대출을 받을 필요가 없었습니다.

Step 4 마무리	**다시 한번 자신의 입장을 밝히며 답변 마무리**
	Therefore, I agree that starting a business is easier now than it was in the past. 따라서, 저는 사업을 시작하는 것이 과거보다 지금이 더 쉽다는 것에 동의합니다.

만점 답변 만들기

1 시작 문장

질문의 표현을 이용해서 답변 첫 문장을 만듭니다.

Do you agree or disagree with the following statement?
Starting a business is easier now than it was in the past.
다음의 의견에 동의하나요, 반대하나요?
사업을 시작하는 것이 과거보다 지금이 더 쉽습니다.

I agree **that** starting a business is getting easier than it was in the past.
저는 사업을 시작하는 것이 과거보다 지금이 더 쉽다는 것에 동의합니다.

2 이유 설명

입장에 대한 이유를 설명하세요. 그 후, 두 가지 방식의 추가 문장 중 하나를 선택하여 이유 문장을 보강하세요.

이유	Most of all로 이유 문장을 시작하세요. Q5-7에서 학습한 '이유 설명에 자주 사용되는 구문'을 이용해 더 쉽게 영작할 수 있습니다. Most of all, we can start a business on a low budget. 무엇보다도, 우리는 적은 예산으로 사업을 시작할 수 있습니다.
추가 문장 1	이유 문장에 이어지는 결과를 설명합니다. So, we don't have to get a loan to start a business. 그래서 우리는 사업을 시작하기 위해 대출을 받을 필요가 없습니다.
추가 문장 2	이유 문장을 추가로 보강 설명합니다. Specifically, we can get various financial support from the government. 구체적으로 말하면, 우리는 정부로부터 다양한 재정적 지원을 받을 수 있습니다.

TIP 문장의 주어로 1인칭 단수(I) 표현보다는 1인칭 복수(we), 3인칭 복수(they) 또는 가주어(it, there)를 사용하세요.

3 예시 설명

이유를 뒷받침하기 위한 구체적인 사례를 설명합니다.

❶ 예시의 종류

예시는 경험 기반 예시와 일반적 예시로 나뉩니다. 예시 내용의 사실 여부는 중요하지 않으니, 주제에 맞게 답변의 내용을 자유롭게 구성해도 좋습니다.

경험 기반 예시	직접 겪었거나 가까운 지인의 경험을 설명합니다. 제 가장 친한 친구는 약 2년 전에 꽃집을 열었습니다. 그녀는 첫 6개월 동안 세금을 내지 않아도 되었고, 정부로부터 자주 지원금을 받았습니다. 그 결과, 그녀는 꽃집 운영을 위해 대출을 받을 필요가 없었습니다.
일반적 예시	일반적이고 보편적으로 발생하는 사례를 설명합니다. 우리나라의 경우, 젊은 사업가들은 정부로부터 많은 지원을 받을 수 있습니다. 그들은 사무실을 무료로 사용할 수 있으며, 무이자 대출을 받을 수 있습니다. 그 결과, 점점 더 많은 대학 졸업자들이 사업을 시작하고 있습니다.

TIP 11번 문제의 공부를 막 시작했다면 '경험 기반' 예시부터 연습하는 것을 권장합니다. 이는 영작에 사용되는 어휘의 난이도가 낮고, 더 쉽게 논리적인 아이디어를 만들 수 있기 때문입니다.

❷ 예시의 세 가지 전개 방식

긍정적 사례 🔊 MP3 1_15

시간과 과정의 흐름에 따른 '긍정적' 사례를 설명합니다.

Do you agree or disagree with the following statement?
Starting a business is easier now than it was in the past.
Give reasons or examples to support your opinion.
다음의 의견에 동의하나요, 반대하나요?
사업을 시작하는 것이 과거보다 지금이 더 쉽습니다.
당신의 의견을 뒷받침하기 위한 이유나 예시를 제시하세요.

입장		I agree that starting a business is easier now than it was in the past. 저는 사업을 시작하는 것이 과거보다 지금이 더 쉽다는 것에 동의합니다.
이유		Most of all, it is easier to get information about starting a business. 무엇보다도, 창업에 대한 정보를 얻기가 더 쉬워졌습니다. So, we can start a business without professional knowledge now. 그래서 이제는 전문적인 지식 없이도 사업을 시작할 수 있습니다.
긍정적 예시	도입	예시로 드는 상황의 배경을 설명하세요. In Korea, there are many online communities for business owners. 한국에는 사업주를 위한 온라인 커뮤니티가 많습니다.
	전개	그로 인해 발생한 점을 설명하세요. They can communicate with other business owners or ask for advice there. 그 곳에서 그들은 다른 사업주들과 소통을 하거나 조언을 구할 수 있습니다.
	결과	그로 인한 긍정적 결과를 설명하세요. So, they can get useful tips about running a business or find solutions to problems. 그래서 그들은 사업 운영에 대한 유용한 팁을 얻거나 문제에 대한 해결책을 찾을 수 있습니다.

TIP 일반적 예시를 이용한 답변입니다.

부정적 사례 🔊 MP3 1_16

시간과 과정의 흐름에 따른 '부정적' 사례를 설명합니다.

Do you agree or disagree with the following statement?
Starting a business is easier now than it was in the past.
Give reasons or examples to support your opinion.

다음의 의견에 동의하나요, 반대하나요?
사업을 시작하는 것이 과거보다 지금이 더 쉽습니다.
당신의 의견을 뒷받침하기 위한 이유나 예시를 제시하세요.

입장		I disagree that starting a business is easier now than it was in the past. 저는 사업을 시작하는 것이 과거보다 지금이 더 쉽다는 것에 반대합니다.
이유		Most of all, it is very competitive to run a business nowadays. 무엇보다도, 사업을 운영하는 데 경쟁이 매우 심합니다. Specifically, there are too many similar businesses in the city. 구체적으로 말하면, 도시에 유사한 사업체가 너무 많습니다.
부정적 예시	**도입**	예시로 드는 상황의 배경을 설명하세요. In the case of my close friend, he opened a café in a popular area. 제 친한 친구의 경우, 그는 인기 있는 지역에 카페를 열었습니다.
	전개	그로 인해 발생한 문제점을 설명하세요. However, three new cafés opened in just six months near his café. 그런데 그의 카페 근처에 불과 6개월 만에 세 개의 새로운 카페가 문을 열었습니다.
	결과	그로 인한 부정적 결과를 설명하세요. As a result, his sales decreased little by little, and he felt a lot of stress. 그 결과, 그의 매출이 조금씩 감소했고, 그는 많은 스트레스를 받았습니다.

TIP 지인의 경험 기반 예시를 이용한 답변입니다.

과거와 현재의 비교 🔊MP3 1_17

과거와 현재의 차이점을 설명하는 방식입니다. 답변 내용의 전개에 따라 긍정적인 예시와 부정적인 예시가 모두 가능합니다.

> Do you agree or disagree with the following statement?
> *Starting a business is easier now than it was in the past.*
> Give reasons or examples to support your opinion.
>
> 다음의 의견에 동의하나요, 반대하나요?
> *사업을 시작하는 것이 과거보다 지금이 더 쉽습니다.*
> 당신의 의견을 뒷받침하기 위한 이유나 예시를 제시하세요.

입장	I agree that starting a business is easier now than it was in the past. 저는 사업을 시작하는 것이 과거보다 지금이 더 쉽다는 것에 동의합니다.
이유	Most of all, it costs less to start a business compared to the past. 무엇보다도, 과거에 비해 사업을 시작하는 데 더 적은 비용이 듭니다.

예시	**도입**	예시로 드는 상황의 배경을 설명하세요. In the past, it was important to start a business in a convenient location. 과거에는 편리한 위치에서 사업을 시작하는 것이 중요했습니다.
	전개	그로 인해 발생한 점을 설명하세요. So, it cost a lot of money to rent an office or store. 그래서 사무실이나 매장을 임대하는 데 많은 비용이 들었습니다.
	전환	과거와 달라진 현재의 상황을 설명하세요. However, nowadays, we can start a business regardless of location thanks to the internet and delivery services. 하지만 요즘에는 인터넷과 배송 서비스 덕분에 장소에 상관없이 사업을 시작할 수 있습니다.
	결과	그로 인한 긍정적/부정적 결과를 설명하세요. As a result, we can start a business at a lower cost. 그 결과, 우리는 더 적은 비용으로 사업을 시작할 수 있습니다.

TIP
- 일반적 예시를 이용한 답변입니다.
- 이유를 한 문장으로 줄이고, 예시를 더 길게 만든 답변입니다.

4 마무리

입장 문장을 한번 더 언급하며 답변을 마칩니다. Therefore로 마무리 문장을 시작하세요.

Do you agree or disagree with the following statement?
Starting a business is easier now than it was in the past.

다음의 의견에 동의하나요, 반대하나요?
사업을 시작하는 것이 과거보다 지금이 더 쉽습니다.

Therefore, I agree that starting a business is getting easier than it was in the past.

따라서, 저는 사업을 시작하는 것이 과거보다 지금이 더 쉽다는 것에 동의합니다.

TIP 마무리 문장은 답변 내에서 중요도가 낮기 때문에 평소에 시간이 부족하거나 영작에 어려움이 있다면 마무리 문장을 생략하고 이유와 예시 제작에 더 집중하는 것도 좋은 전략입니다.

아이디어 노트 만들기

자신의 의견을 말하는 11번 문제에서는 다양한 주제에 대한 답변 아이디어를 만드는 연습이 중요합니다. 아이디어 노트에 내가 만든 아이디어를 정리한 뒤 여러 번 반복해서 학습해 주세요. 직접 만든 아이디어는 시험 중에 쉽게 떠오를 뿐 아니라 다른 문제에 응용하기에도 좋습니다. 아이디어 노트는 별책에 있습니다.

아이디어 노트 작성 예시

NO. [12]
주제 : (교육) / 직장 생활 / 일상 생활 / 사회적 이슈
연습 횟수 : ① / ② / ③ / ④ / ⑤

문제 : (찬반) Nowadays, traveling is easier than it was in the past. 입장 : 찬성		
이유		Most of all, we can get travel information easily.
이유 보강 문장 (opt)		I can use my smartphone while traveling.
예시 [ ]	1) 배경	About 6 months ago, I traveled to Japan.
	2) 경과	I searched for travel information on my smartphone. + 관광지, 날씨, 맛집
	3) H.E.	As a result, I could travel conveniently. + alone
	4)	
외워 둘 표현		tourist attractions, go backpacking
셀프 피드백		발음 (현장감, 리듬감) : 상 / 중 / (하) 답변의 논리성 : 상 / (중) / 하 문법의 정확성 : 상 / (중) / 하 총평 : 아직 버벅임 심함, well 쓰는거 줄이기

📋 SELF-CHECK LIST

실전 모의고사를 연습하는 동안 스마트폰으로 답변을 녹음해서 들어보세요. 아래의 점검 사항에서 NO에 해당하는 부분이 있었다면 다시 한번 연습해보세요.

문항	점검 사항	YES	NO
Q1-2	· 실제 현장에서 말하듯 현장감을 살려 읽었나요? · 목소리 크기가 너무 작거나 크지 않았나요? · 강세와 끊어 읽기에 유의해서 읽었나요?	☐ ☐ ☐	☐ ☐ ☐
Q3-4	· 네 문장 이상 말했나요? · 비중이 큰 인물의 동작을 정확히 묘사했나요? · 답변 속도가 갑자기 빨라지거나 느려지지 않았나요?	☐ ☐ ☐	☐ ☐ ☐
Q5-7	· 사람과 실제로 대화하듯 현장감을 살려 답변했나요? · 의문사에 맞게 대답했으며 시제의 실수는 없었나요? · 7번 답변에서 두 문장 이상 영작을 했나요? (첫 문장 제외)	☐ ☐ ☐	☐ ☐ ☐
Q8-10	· 실제로 전화통화를 하듯 자연스럽게 답변했나요? · 질문의 내용을 정확히 이해했나요? · 표의 여러 요소를 문법에 맞게 설명했나요?	☐ ☐ ☐	☐ ☐ ☐
Q11	· 질문의 내용을 정확히 이해했나요? · 준비시간동안 이유와 예시 아이디어를 떠올렸나요? · 답변의 전개가 논리적이었나요?	☐ ☐ ☐	☐ ☐ ☐

실전 모의고사
모범 답변
및 해설

실전 모의고사 16~20회는 시원스쿨LAB(lab.siwonschool.com)에서 확인하실 수 있습니다.

실전 모의고사 1

🔊 MP3 AT1 1-11

Questions 1-2

Q1 광고

Are you looking for a way to get into shape↗? / Don't miss this news! / M2 Fitness Center / is finally opening a new branch in our town. / As an opening promotion↗, / we're giving away a one-week gym pass to everyone / who visits before May 7th. / Stop by and experience our fitness instructors↗, / first-class gym↗, / and personal trainers for free!

몸매를 가꾸고 싶으신가요? 이 소식을 놓치지 마세요! M2 피트니스 센터가 드디어 우리 마을에 새로운 지점을 오픈합니다. 오픈 기념으로, 5월 7일 이전에 방문하시는 모든 분께 일주일 무료 이용권을 드립니다. 오셔서 저희의 피트니스 강사, 최고 수준의 체육관, 그리고 개인 트레이너를 무료로 체험해 보세요!

강세 / **끊어 읽기** / ↗ 올려 읽기

고득점 포인트

- 광고문은 업체 및 제품을 홍보하기 위한 글입니다. 자신의 성량 및 어조가 고객의 관심을 끌기에 충분해야 합니다.
- 고유명사(상호명), 숫자(날짜)는 내용 전달에 중요한 역할을 하므로 강세를 두세요.
- branch 발음에 주의하세요. brunch로 들리지 않도록 입을 양쪽으로 당겨 발음하세요.

Q2 기내 방송

Attention **passengers.** / **We will be** landing **at the** Belmont International Airport╱,
/ **our** final destination, / **in about** twenty minutes. / **At this time**╱, / **please** return
to your seat╱, / fasten **your** seat belt╱, / **and turn off your** electronic devices. /
Thank **you for choosing** Blue Planet Airlines, / **and we** look forward **to** serving
you again soon.

승객 여러분들께 알립니다. 저희 비행기는 약 20분 후에 최종 목적지인 벨몬트 국제 공항에 착륙합니다. 이제 좌석으로 돌아가서,
안전벨트를 매시고, 전자기기를 끄시기 바랍니다. 블루 플래닛 항공을 이용해 주셔서 감사드리며, 저희는 곧 다시 여러분을 모실
수 있기를 바랍니다.

강세 / **끊어** 읽기 ╱ 올려 읽기

고득점 포인트

- 공지사항이나 기내 방송의 첫 단어로 자주 사용되는 아래 단어들에 강세를 두세요.

  attention, welcome, thank

- s소리로 끝나는 단어가 복수형일 경우, s를 두 번 발음해주세요. sister의 sis와 유사한 소리입니다.

  devices, prices, businesses, cases, buses, appliances

Questions 3-4

Q3

주요 대상

- 사진 가운데의 남자
- 사진 오른쪽의 남자
- 사진 왼쪽의 여자
- 배경의 스크린

장소	I think this picture was taken in an airport. 이 사진은 공항에서 찍힌 것 같습니다.
대상1	In the middle of the picture, a man wearing a gray suit is reading a newspaper. 사진의 가운데에, 회색 정장을 입은 한 남자가 신문을 읽고 있습니다.
대상2	On the right side of the picture, another man is talking on the phone. 사진의 오른쪽에, 또 다른 남자가 통화를 하고 있습니다.
대상3	On the left side of the picture, a woman is sitting on a bench. 사진의 왼쪽에, 한 여자가 벤치에 앉아 있습니다.
대상4	In the background of the picture, I can see some large screens with flight information. 사진의 배경에, 항공편 정보가 표시된 대형 화면이 보입니다.

어휘 talk on the phone 통화하다, 전화하다 with ~을 포함한

고득점 포인트

- 답변할 시간이 충분하다면 중간이나 마지막에 개인적 의견을 한 문장 더해주세요.

  It seems like they are going on a business trip. 그들이 출장을 가는 것 같습니다.

- 또 다른 단수 남성이나 여성을 설명할 땐 앞에 대명사 another를 사용하세요.

Q4

주요 대상

- 사진 가운데의 남자
- 사진 왼쪽의 여자
- 배경의 사물

장소	I think this is a picture of a café. 이것은 카페의 사진 같습니다.
대상 1	In the middle of the picture, a man wearing a black apron is serving a cup of coffee. 사진의 가운데에, 검은색 앞치마를 착용한 한 남자가 커피 한 잔을 서빙하고 있습니다.
대상 2	Across from him, a woman with a ponytail is sitting on a stool. She is wearing a black sleeveless shirt. 그의 맞은편에, 한 여자가 의자에 앉아 있습니다. 그녀는 검은색 민소매 셔츠를 입고 있습니다.
대상 3	In the background of the picture, I can see a black menu board and a large clock. 사진의 배경에, 검은색 메뉴판과 커다란 시계가 보입니다.

어휘 a cup of coffee 커피 한 잔 apron 앞치마 across from ~의 맞은 편에 stool 등받이와 팔걸이가 없는 의자

고득점 포인트

- **동작과 의상을 한 문장으로 말하기**

주어의 뒤에 형용사 역할을 하는 현재분사 wearing을 붙여서 동작과 의상을 함께 설명할 수 있습니다.

A man wearing a green T-shirt is holding a mug. 녹색 티셔츠를 입은 남자가 머그잔을 들고 있습니다.
　　주어　　현재분사　　　　　　　　동사

- **동작과 머리 스타일을 한 문장으로 말하기**

주어의 뒤에 전치사 with를 붙여서 동작과 머리 스타일을 함께 설명할 수 있습니다.

A woman with short brown hair is looking at a monitor. 짧은 갈색 머리를 한 여자가 모니터를 보고 있습니다.
　　주어　　전치사　　　　　　　동사

Questions 5-7

Imagine that a US marketing firm is doing some research in your country.
You have agreed to participate in a telephone interview about books.
미국의 한 마케팅 회사가 당신의 나라에서 설문조사를 하고 있다고 가정해 보세요.
당신은 책에 관한 전화 인터뷰에 참여하기로 동의하였습니다.

Q5	How often do you buy books, and what type of books do you usually buy? 당신은 책을 얼마나 자주 구매하며, 어떤 종류의 책을 주로 구매하나요?	
A5	I buy books about once a month, and I usually buy detective novels. 저는 책을 한 달에 한 번 정도 구매하며, 주로 추리 소설을 구매합니다.	
Q6	Do you prefer to buy books or borrow them from a library? Why? 책을 구매하는 것과 도서관에서 대여하는 것 중 어느 것을 더 선호하나요? 그 이유는 무엇인가요?	
A6	I prefer to buy books. It's because I like taking notes in books. 저는 책을 구매하는 것을 선호합니다. 왜냐하면 저는 책에 메모하는 것을 좋아하기 때문입니다.	
Q7	Some people learn about books by reading book reviews. Do you read reviews before deciding to purchase a book? Why or why not? 몇몇 사람들은 도서 리뷰를 읽음으로써 책에 대한 정보를 얻습니다. 당신은 책을 구매하기로 결정하기 전에 리뷰를 읽나요? 그 이유는 무엇인가요?	
A7	시작	I don't read reviews before deciding to purchase a book. 저는 책을 구매하기로 결정하기 전에 리뷰를 읽지 않습니다.	
	이유1 + 추가 문장	It's because there are many spoilers in some book reviews. 왜냐하면 일부 도서 리뷰에 스포일러가 많기 때문입니다.	So, we might lose interest in the books. 그래서 우리는 책에 대한 흥미를 잃을 수 있습니다.
	이유2 + 추가 문장	Also, many book reviews are advertisements for books nowadays. 또한, 요즘에는 많은 도서 리뷰가 책에 대한 광고입니다.	So, it is difficult to trust the reviews. 그래서 리뷰를 신뢰하기 어렵습니다.

Q5 책의 종류

historical novel 역사 소설   fantasy novel 판타지 소설   self-help book 자기개발서

textbook 교과서, 학습서   biography 자서전   essay 에세이(수필)

Q7 추천 답변 방식

시작 문장 ▶ 이유 ▶ 추가 문장(생략 가능) ▶ 이유 2(답변 시간이 남을 때)

· 고득점을 위해서는 시작 문장 외에 두 문장 이상이 필요합니다.

· 두 번째 이유는 시간이 남을 시 말해주세요.

· 추가 문장이 생각나지 않으면 두 번째 이유로 넘어가세요.

· 마무리 문장은 중요도가 낮습니다. 남은 답변 시간 동안 아무런 아이디어가 떠오르지 않을 때 말해주세요.

Q6 '도서관에서 대여' 입장의 이유

· I can read books for free. 저는 무료로 책을 읽을 수 있습니다.

· I don't read the same book again. 저는 같은 책을 다시 읽지 않습니다.

Q7 '리뷰를 읽음' 입장의 이유와 추가문장

이유 1 + 추가 문장	It's because reading book reviews is useful for finding good books. 왜냐하면 책 리뷰를 읽는 것이 좋은 책을 찾는 데 유용하기 때문입니다.	So, I can avoid wasting money on disappointing books. 그래서 저는 실망스러운 책에 돈을 낭비하는 것을 피할 수 있습니다.
이유 2 + 추가 문장	Also, I can check the story in advance. 또한, 저는 줄거리를 미리 확인할 수 있습니다.	So, I can choose books that suit my taste. 그래서 취향에 맞는 책을 고를 수 있습니다.

아래 표현을 영어로 소리 내어 말해보거나 작성해 보고 본문 p.204에서 모범 답안을 확인하세요.

메모를 하다	~에 흥미를 잃다	돈을 낭비하는 것을 피하다	내 취향에 맞다
무료로	미리, 사전에	유용한	실망스러운

Questions 8-10

프로그램 일정

리버사이드 커뮤니티 콘서트		
9월 24일, 동관		
입장권 가격 : 15달러 (대학생은 학생증 지참 시 무료)		
오후 6:30 - 7:00	콘서트 사전 강연 (데니스 벨 - 음악대학 교수, 웨스트필드 대학)	
오후 7:30 - 9:00 콘서트	*연주자* 리버사이드 관현악단 양 센(독주) 리버사이드 관현악단 에리카 테일러(독주)	*곡명* "봄 교향곡" "블루 리버" "문라이트" "고요한 아침"
오후 9:00 - 10:00	연주자와 함께하는 콘서트 후 연회	

Hi, I would like to attend the Riverside Community Concert, but I lost the program sheet.
I would appreciate it if you could answer some questions about the program.

안녕하세요, 저는 리버사이드 커뮤니티 콘서트에 참석하고 싶은데 프로그램 안내서를 잃어버렸습니다.
프로그램에 대한 몇 가지 질문에 답변해 주시면 감사하겠습니다.

Q8	Could you tell me the concert date and the location? 콘서트 날짜와 장소를 알려주시겠어요?
A8	The concert will be held in the Eastern Hall on September 24th. 콘서트는 9월 24일에 동관에서 열릴 것입니다.
Q9	I heard there will be a solo performance of "Blue River". That will be performed by Erika Taylor, right? "블루 리버" 곡의 독주가 있다고 들었어요. 에리카 테일러가 연주하는 것이 맞나요?
A9	I'm sorry, but you have the wrong information. It will be performed by Yang Shen. 죄송하지만, 잘못 알고 계십니다. 양 센이 연주할 예정입니다.

Q10	Could you explain all of the details about the events before and after the concert? 콘서트 전후에 있을 행사의 세부 사항에 관해 설명해 주시겠어요?
A10	There are two scheduled sessions. First, Denise Bell, the professor of music at Westfield University, will give a pre-concert lecture at 6:30 P.M. Second, there will be a post-concert reception with the performers at 9 P.M. 두 개의 예정된 세션이 있습니다. 첫째로, 웨스트필드 대학의 음악 교수인 데니스 벨이 오후 6시 30분에 콘서트 사전 강의를 할 것입니다. 둘째로, 연주자와 함께하는 콘서트 후 연회가 오후 9시에 있습니다.

고득점 포인트

Q8 시간과 장소 표현은 강세를 두어 천천히 말해주세요.

예 The concert will be held in the Eastern Hall on September 24th.

Q9 정보 문의에 관한 두 가지 유형 살펴보기

유형	질문의 특징	답변 시작 표현
잘못 알고 있는 정보를 확인 차 묻는 경우	알고 있는 내용이 맞는지 확인하기 위해 되물어 봄 예 I heard the attendees need to prepare their own lunch. Right? 참여자가 점심을 준비해야 한다고 들었습니다. 맞나요?	I'm sorry, but you have the wrong information. 죄송하지만, 잘못 알고 계십니다.
모르는 정보를 얻고자 묻는 경우	조동사나 be동사를 사용하여 질문함 예 Should I prepare my own lunch? 제가 점심을 직접 준비해야 하나요?	• Actually, (부정적인 내용) • Fortunately, (긍정적인 내용)

Q10 답변 시간이 부족할 경우 첫 문장을 생략하세요.

추가 연습 문제 (8번)

Q I'm a university student majoring in practical music. Can I get a student discount?
저는 실용음악을 전공하는 대학생입니다. 제가 학생 할인을 받을 수 있을까요?

A Fortunately, it is free for university students. But please bring your student ID.
다행히 대학생은 무료입니다. 하지만 학생증을 가지고 오셔야 합니다.

Question 11

교육 관련

For a university student, what are the disadvantages of working a job while attending university?
Give reasons or examples to support your opinion.
대학생들이 학교에 다니면서 일을 하는 것의 단점은 무엇인가요?
당신의 의견을 뒷받침하기 위한 이유나 예시를 제시하세요.

답변 아이디어 만들기

아래 예시를 참고해서 답변 아이디어를 완성해 보세요.

단점		일과 공부를 병행하는 것은 피곤함 그래서 공부에 집중하기 어려울 수 있음
부정적 예시	도입	내가 공부와 일을 병행했던 당시 상황 소개
	전개	그것이 학업에 미친 부정적인 점 설명
	결과	그로 인한 부정적인 결과

만점 답변

시작		There are some disadvantages of working a job while attending university. 학교를 다니면서 일을 하는 것에는 몇 가지 단점이 있습니다.
단점		Most of all, it is tiring to work and study at the same time. 무엇보다도, 일과 공부를 병행하는 것은 피곤한 일입니다. So, it could be difficult for students to concentrate on studying. 그래서 학생들이 공부에 집중하기 어려울 수 있습니다.
부정적 예시	도입	When I was in my third year of university, I worked part-time at a café from 8 P.M. to 2 A.M. on weekdays. 제가 대학교 3학년이었을 때, 저는 평일 밤 8시부터 새벽 2시까지 카페에서 아르바이트를 했습니다.
	전개	So, I was always tired at school. Also, I often fell asleep in class. 그래서 저는 학교에서 항상 피곤했습니다. 또한, 수업 중에 자주 잠들었습니다.
	결과	As a result, my grades dropped too much. 그 결과, 성적이 많이 떨어졌습니다.
마무리 (생략 가능)		Therefore, I think there are some disadvantages of working a job while attending university. 따라서, 저는 학교를 다니면서 일을 하는 것에는 몇 가지 단점이 있다고 생각합니다.

제시된 아이디어를 이용해서 다시 한번 답변해 보세요.

단점		학생들이 좋은 성적을 받기가 어려움 왜냐하면 그들은 시험 기간에도 일을 해야 하기 때문
부정적 예시	도입	내가 공부와 일을 병행했던 당시 상황 소개
	전개	이로 인해 시험 기간에 발생한 부정적인 점 설명
	결과	그로 인한 부정적인 결과

단점		Most of all, it is difficult for students to get good grades. 무엇보다도, 학생들이 좋은 성적을 받기가 어렵습니다. It's because they need to work during the midterm and final exams too. 왜냐하면 그들은 중간고사와 기말고사 때도 일을 해야 하기 때문입니다.
부정적 예시	도입	When I was in my third year of university, I worked part-time at a café from 8 P.M. to 2 A.M. on weekdays. 제가 대학교 3학년이었을 때, 저는 평일 밤 8시부터 새벽 2시까지 카페에서 아르바이트를 했습니다.
	전개	So, I didn't have enough time to study for exams. 그래서 저는 시험공부를 할 시간이 부족했습니다.
	결과	As a result, I received low grades in my third year. 그 결과, 저는 3학년 때 낮은 성적을 받았습니다.

마무리 문장도 말해야 하나요?

전체 답변 중 마무리 문장의 중요도는 매우 낮습니다. 그러므로 답변을 마친 후 시간이 남거나 더 이상 답변 아이디어가 떠오르지 않을 때 마무리 문장을 말해주세요.

아래 표현을 영어로 소리 내어 말해보거나 작성해 보고 본문 p.204에서 모범 답안을 확인하세요.

피곤하게 만드는	공부에 집중하다	아르바이트를 하다	평일에
수업 중에 잠이 들다	좋은 성적을 받다	중간고사 기간 동안	시간이 부족하다

Questions 1-2

Q1   자동응답 메시지

You have reached the front desk of the Sandbanks Resort. / Please press '1' to learn about our location↗, / additional discounts↗, / and special events. / If you're calling to make a reservation↗, / please stay on the line. / A receptionist will be available to help you shortly. / Don't forget / that you can also book your visit / on our website.

샌드뱅크 리조트의 안내데스크에 전화 주셨습니다. 리조트의 위치, 추가 할인, 그리고 특별 이벤트에 대해 알아보시려면 1번을 누르세요. 예약을 위해 전화를 주셨다면 끊지 말고 기다려 주세요. 잠시 후 직원이 도와드릴 것입니다. 또한 웹사이트에서도 방문 일정을 예약할 수 있다는 점을 잊지 마세요.

강세   / 끊어 읽기   / 올려 읽기

고득점 포인트

- reach의 첫 음절을 길게 발음하세요. 너무 빨리 말하면 rich로 잘못 들릴 수 있습니다.
- resort의 두 번째 r발음에 주의하세요. 이 단어를 result로 잘못 발음하는 경우가 많습니다.
- 아래의 여섯 가지 동사는 다른 일반동사에 비해 강세를 약하게 두세요.

  make, have, take, give, put, get
- 마지막 문장에서 조동사 can에 강세를 두면 can't로 들릴 수 있으니 book에 강세를 두세요.

Q2 라디오 뉴스

Good morning↗, / SBA Radio listeners. / A beautiful day is expected for the Springfield Community Fair tomorrow. / There will be plenty of music↗, / delicious food↗, / and various activities for everyone. Be sure to come / and enjoy the fair. / However↗, / remember / that Fairview Avenue will be closed all day for the fair↗, / so you might want to avoid driving in that area.

SBA 라디오 청취자 여러분, 좋은 아침입니다. 내일 열리는 스프링필드 커뮤니티 박람회에는 화창한 날씨가 예상됩니다. 음악, 맛있는 음식, 그리고 모두를 위한 다양한 활동이 준비되어 있습니다. 꼭 오셔서 박람회를 즐기시기 바랍니다. 그런데 박람회로 인해 페어뷰 대로가 하루 종일 통제될 예정이므로, 해당 지역에서의 운전을 피하시는 것이 좋습니다.

강세 / 끊어 읽기 / 올려 읽기

고득점 포인트

• 뉴스 지문에는 많은 고유명사가 등장합니다. 한 단어씩 천천히 강세를 두어 읽어주세요.

• 자주 출제되는 한정사 all, each, every에 강세를 두세요.

• 시간을 나타내는 부사에 강세를 두세요. 자주 출제되는 부사는 다음과 같습니다.

tonight, tomorrow, yesterday, soon, now

Questions 3-4

Q3

주요 대상

• 사진 가운데의 남자와 여자

• 사진 왼쪽의 남자

• 사진 아래쪽의 유리잔 or 위쪽의 조명

장소	I think this picture was taken in a restaurant. 이 사진은 레스토랑에서 찍힌 것 같습니다.
대상1	In the middle of the picture, two people are placing an order while holding menus. 사진의 가운데에, 두 사람이 메뉴를 들고 주문을 하고 있습니다.
대상2	On the left side of the picture, another man wearing a pink shirt is taking an order from them. 사진의 왼쪽에, 분홍 셔츠를 입은 다른 남자가 그들로부터 주문을 받고 있습니다.
대상3	In the foreground of the picture, there are four wine glasses on the table. 사진의 앞쪽에, 와인 잔 4개가 테이블 위에 놓여 있습니다.

어휘 place an order 주문하다 menu 메뉴

고득점 포인트

• 공통점이 있는 인물은 함께 묘사해주세요.

• 접속사 while에 동사의 -ing형을 더해서 인물의 두 가지 동작을 한 문장으로 말할 수 있습니다.

Two people are placing an order + <u>while</u> <u>holding</u> menus.
　　　　　　　　　　　　　　　　접속사　　v-ing

Q4

주요 대상

• 사진 가운데의 소년

• 사진 오른쪽의 세 사람

장소	I think this is a picture of an art gallery. 이것은 미술관 사진인 것 같습니다.
대상 1	In the middle of the picture, a boy wearing a blue T-shirt is looking at an artwork. 사진의 가운데에, 파란 티셔츠를 입은 한 소년이 미술 작품을 보고 있습니다. It seems like he is using an audio guide to appreciate artworks. 그는 작품을 감상하기 위해 오디오 가이드를 사용하는 것 같습니다.
대상 2	On the right side of the picture, three people are gathered in front of a painting. 사진의 오른쪽에, 세 사람이 그림 앞에 모여 있습니다.
대상 3	I think the woman on the left is explaining the painting. 왼쪽에 있는 여자가 그림을 설명하고 있는 것 같습니다.

어휘   artwork 미술 작품   appreciate ~을 감상하다   be gathered 모여 있다   painting 그림

고득점 포인트

• 2-3인을 함께 묘사할 때, 그들의 공통점을 먼저 설명한 후 아래 표현을 이용해서 특정 인물을 추가로 묘사할 수 있습니다.

The woman + on the left + is wearing a pink dress. 왼쪽의 여자가 분홍 원피스를 입고 있습니다.
  대상   위치   인상착의

The man + in the middle + is holding a plastic bag. 가운데의 남자가 비닐 봉지를 들고 있습니다.
  대상   위치   동작

• 대상 2와 3을 합쳐 다음과 같이 말할 수 있습니다.

On the right side of the picture, I think a woman is explaining a painting to two other women.
사진의 오른쪽에, 한 여자가 다른 두 여자에게 그림을 설명하는 것 같습니다.

Questions 5-7

Imagine that a lifestyle magazine is preparing an article about your country.
You have agreed to participate in a telephone interview about exercise.
한 라이프스타일 잡지가 당신의 나라에 대한 기사를 준비 중이라고 가정해 보세요.
당신은 운동에 관한 전화 인터뷰에 참여하기로 동의하였습니다.

Q5	How often do you exercise, and what do you usually do? 당신은 얼마나 자주 운동을 하나요? 그리고 어떤 운동을 주로 하나요?
A5	I exercise about once a week, and I usually play tennis. 저는 일주일에 한 번 정도 운동을 하고, 주로 테니스를 칩니다.
Q6	When you work out, do you usually do the same type of exercise? Why or why not? 운동을 할 때, 보통 같은 종류의 운동을 하나요? 그 이유는 무엇인가요?
A6	I usually do the same type of exercise. It's because I have my own exercise routine. 저는 보통 같은 종류의 운동을 합니다. 왜냐하면 저만의 운동 순서와 방법이 있기 때문입니다.
Q7	If your friends wanted to start exercising, which activity would you recommend? And why? • Watching exercise videos　　• Running outside 만약 당신의 친구들이 운동을 시작하기를 원한다면, 어떤 운동을 추천하나요? 그 이유는 무엇인가요? • 운동 영상 보기　　　　　　• 밖에서 달리기

A7	시작	I would recommend watching exercise videos. 저는 운동 영상을 보는 것을 추천하겠습니다.	
	이유1 + 추가 문장	It's because they can exercise at home regardless of time. 왜냐하면 시간에 상관없이 집에서 운동을 할 수 있기 때문입니다.	So, it is possible to exercise late at night. 그래서 늦은 밤에도 운동을 하는 것이 가능합니다.
	이유2 + 추가 문장	Also, they can watch exercise videos multiple times. 또한, 운동 영상을 여러 번 볼 수 있습니다.	So, they can learn difficult exercises easily. 그래서 어려운 운동을 쉽게 배울 수 있습니다.

고득점 포인트

Q5 답변에 자주 쓰이는 운동 표현

동사	쓰임	표현
play	구기 종목	play soccer, play basketball, play badminton
go	이동이 많은 운동	go swimming, go jogging, go hiking, go for a walk
do	이동이 적은 운동	do yoga, do weight training, do Pilates

추가 아이디어 연습

Q6 같은 종류의 운동을 하지 않는 이유

- I get tired of one exercise easily. 저는 한 가지 운동에 쉽게 질립니다.
- It is boring to repeat the same exercise. 같은 운동을 반복하는 것은 지루합니다.

Q7 '밖에서 달리기' 입장의 이유와 추가문장

이유1 + 추가문장	It's because they don't have to buy expensive exercise equipment. 왜냐하면 비싼 운동 장비를 구매할 필요가 없기 때문입니다.	They only need a pair of comfortable shoes. 편안한 신발 한 켤레만 있으면 됩니다.
이유2 + 추가문장	Also, they can enjoy the scenery while running. 또한, 달리는 동안 경치를 즐길 수 있습니다.	So, it is less boring than other exercises. 그래서 다른 운동보다 덜 지루합니다.

필수 표현 리뷰

아래 표현을 영어로 소리 내어 말해보거나 작성해 보고 본문 p.204에서 모범 답안을 확인하세요.

시간에 상관 없이	늦은 밤에	~에 질리다	같은 운동을 반복하다
운동 장비	신발 한 켤레	경치를 즐기다	지루하게 만드는

Questions 8-10

개인 일정

커트 러셀 (GEO 테크놀로지)의 출장 일정		
비행 일정 필라델피아 공항 출발, 젯스타 항공 152편 댈러스 공항 도착 지상 이동편: 호텔 리무진 ---	오전 10:30 오후 1:20	6월 16일
댈러스 공항 출발, 젯스타 항공 157편 경유 1회 (애틀랜타) 필라델피아 공항 도착	오후 5:30 오후 9:45	6월 21일
호텔 세부사항 체크인: 로얄 플라자 호텔, 댈러스 체크아웃 편의시설: 무선 인터넷, 무료 아침 식사	오후 2시부터 오전 11시 까지	6월 16일 6월 21일

Hi, this is Kurt Russell. I'm going on a business trip to Dallas next week, and I want to ask some questions about my schedule.

안녕하세요, 커트 러셀입니다. 저는 다음 주에 댈러스로 출장을 가는데 제 일정에 대해 묻고 싶은 것이 있습니다.

Q8	Which hotel will I stay in, and what time can I check in at the hotel? 제가 어느 호텔에 묵으며, 몇 시에 체크인할 수 있나요?
A8	You are going to stay at the Royal Plaza Hotel, and you can check in from 2 P.M. 당신은 로얄 플라자 호텔에 묵을 예정이며, 오후 2시부터 체크인할 수 있습니다.
Q9	When I arrive at Dallas Airport, do I need to call a taxi to get to the hotel? 댈러스 공항에 도착하면 호텔로 이동하기 위해 택시를 불러야 하나요?
A9	That won't be necessary. You can take the hotel limousine at the airport. 그러지 않으셔도 됩니다. 공항에서 호텔 리무진을 탈 수 있습니다.

Q10	Could you please tell me the details of my return trip to Philadelphia? 필라델피아로 돌아오는 일정에 대해 말해주시겠어요?
A10	You are going to depart Dallas Airport on Jetstar Airlines flight 157 at 5:30 P.M. on June 21st. After one stop in Atlanta, you are scheduled to arrive at Philadelphia Airport at 9:45 P.M. 당신은 6월 21일 오후 5시 30분에 젯스타 항공 157편을 타고 댈러스 공항에서 출발할 예정입니다. 애틀랜타에서 경유한 후, 필라델피아 공항에 오후 9시 45분에 도착할 예정입니다.

고득점 포인트

Q8   check-in을 명사로 활용할 수도 있습니다.

예 Your check-in time is from 2 P.M. 체크인 시간은 오후 2시부터입니다.

Q9   무언가를 직접 준비해야 하는지 묻는 유형에서는 대부분 그럴 필요가 없습니다.

'그러실 필요 없습니다' 라는 의미의 That won't be necessary.로 답변을 시작하세요.

Q10

• 표의 1 stop (Atlanta)는 1회 경유와 그 경유지가 애틀란타라는 것을 의미합니다.

• 교통편, 번지 수, 방 번호는 숫자를 한자리씩 끊어서 읽고, 마지막 숫자에 강세를 두세요.

Flight 156 (one / five / six)

437 Main Street (four / three / seven)

Room 702 (seven / oh / two)

추가 연습 문제 (9번)

Q Because of my tight schedule in Dallas, I want to have breakfast at the hotel.
Can I charge the cost for breakfast to the company?

댈러스에서 바쁜 일정 때문에 호텔에서 아침을 먹으려 합니다. 회사에 아침 식사 비용을 청구할 수 있나요?

A That won't be necessary. The hotel offers complimentary breakfast.

그러실 필요 없습니다. 호텔에서 아침 식사를 무료로 제공합니다.

Question 11

사회적 이슈

Do you agree or disagree with the following statement?
It is easier to build a successful career in a big city than in a small town.
Give reasons or examples to support your opinion.

다음의 의견에 동의하시나요, 아니면 반대하시나요?
작은 도시보다 대도시에서 성공적인 커리어를 쌓는 것이 더 쉽다.
당신의 의견을 뒷받침하기 위한 이유나 예시를 제시하세요.

답변 아이디어 만들기

아래 예시를 참고해서 답변 아이디어를 완성해 보세요.

입장	동의		이유	높은 수준의 교육을 받기 더 쉬움 구체적으로 말하면, 대도시에는 유명한 학원이 많음
긍정적 예시		도입		작은 도시에 거주함으로써 좋은 교육을 받기 어려웠던 과거 설명
		전개		좋은 교육을 받기 위해 큰 도시로 감
		결과		그로 인한 긍정적인 결과

만점 답변

시작		I agree that it is easier to achieve professional success in a big city than in a small town. 저는 작은 도시보다 대도시에서 직업적인 성공을 거두는 것이 더 쉽다는 것에 동의합니다.
이유		Most of all, it is easier to get a high-quality education. 무엇보다도, 양질의 교육을 받기가 더 쉽습니다. Specifically, there are many famous private institutes in a big city. 구체적으로 말하면, 대도시에는 유명한 학원이 많습니다.
긍정적 예시	도입	When I was a university student, I lived in a small city. 제가 대학생이었을 때, 저는 작은 도시에서 살았습니다. But there were no language schools for adults there. 그런데 그곳에는 성인을 위한 어학원이 없었습니다.
	전개	So, after I graduated, I moved to Seoul to study at a famous language school. 그래서, 저는 졸업 후 유명한 어학원에서 공부하기 위해 서울로 이사했습니다.
	결과	As a result, I was able to achieve a high TOEIC score in 2 months. 그 결과, 저는 두 달 만에 높은 토익 점수를 받을 수 있었습니다.

추가 아이디어 연습

제시된 아이디어를 이용해서 다시 한번 답변해 보세요.

입장		반대	이유	사업을 운영하기에 경쟁이 매우 심함 구체적으로 말하면, 대도시에는 비슷한 사업체가 많음
부정적 예시	도입			대도시에서 창업을 한 지인 소개
	전개			발생한 경쟁 관련 문제점 설명
	결과			그로 인한 부정적인 결과

시작		I disagree that it is easier to achieve professional success in a big city than in a small town. 저는 작은 도시보다 대도시에서 직업적인 성공을 거두는 것이 더 쉽다는 것에 반대합니다.
이유		Most of all, it is very competitive to run a business. 무엇보다도, 사업을 운영하기에 경쟁이 매우 심합니다. Specifically, there are a lot of similar businesses in big cities. 구체적으로 말하면, 대도시에는 유사한 사업이 많습니다.
부정적 예시	도입	In the case of my best friend, he opened a café in Seoul about 2 years ago. 제 가장 친한 친구의 경우, 그는 약 2년 전에 서울에서 카페를 열었습니다.
	전개	However, two cafés opened near his café within 6 months. 그런데 6개월 사이에 그의 카페 근처에 두 개의 카페가 문을 열었습니다. Moreover, the cafés have modern and trendy interiors. 게다가, 그 카페들은 현대적이고 요즘 유행하는 인테리어를 갖추고 있습니다.
	결과	As a result, he has difficulty in running his café nowadays. 그 결과, 그는 요즘 카페를 운영하는 데 어려움을 겪고 있습니다.

고득점 포인트

나만의 답변노트 만들기

내가 만든 문장과 답변 아이디어를 노트에 정리하는 습관을 기르세요. 처음에는 영작이 힘들고 답변 아이디어도 잘 떠오르지 않겠지만, 학습한 내용을 매일 반복 연습하면 답변 순발력이 늘어날 뿐 아니라 문장의 길이도 더 길어질 것입니다. 5-7번 문제에서 학습한 표현도 함께 정리해 두세요.

필수 표현 리뷰

아래 표현을 영어로 소리 내어 말해보거나 작성해 보고 본문 p.204에서 모범 답안을 확인하세요.

양질의 교육을 받다	경쟁이 심한	사업을 운영하다	~하는데 어려움을 겪다

실전 모의고사 3

Questions 1-2

Q1 발표문

Welcome **to the** quarterly **staff meeting.** / First ↗, / I want to announce **an** overseas expansion. / Next quarter ↗, / **we will be opening** offices in Japan ↗, / India ↗, / **and** Thailand. / **When these offices** open ↗, / **we will** hire / **and** train local staff. / **This means** / **we need** volunteers **to travel** overseas / **and** conduct the training. / **If you're** interested **in this** opportunity ↗, / **please** contact **me.**

분기별 직원회의에 오신 것을 환영합니다. 먼저, 해외 진출에 대해서 말씀드리고자 합니다. 다음 분기에 저희는 일본, 인도, 그리고 태국에 사무실을 개설할 것입니다. 사무실이 열리면 우리는 현지 인력을 채용하고 교육할 것입니다. 따라서 해외로 나가서 교육을 진행할 지원자가 필요합니다. 이 기회에 관심이 있으시면 저에게 연락주세요.

강세 / **끊어 읽기** ↗ 올려 읽기

> **고득점 포인트**

- 시간 형용사 last(지난), this(이번), next(다음)에 강세를 두세요.
- opening offices에서 자음 'p'와 'f'의 발음에 주의하세요.
- these는 첫 음절 'the'를 길게 발음하세요.
- travel를 발음할 때 입을 작게 벌리거나 너무 빨리 발음하면 trouble로 들릴 수 있습니다.

Q2 인물 소개

We are delighted to welcome Doctor Oscar Benson to our program today. / A leader in the field of brain science↗, / Doctor Benson released a new book / titled Pieces of Light. / The book has been described as innovative↗, / entertaining↗, / and instructive for everyone, / and it became a nationwide bestseller immediately. / Let's hear more from him. / Please welcome Doctor Benson to the show!

오늘 저희 프로그램에 오스카 벤슨 박사님을 모시게 되어 기쁘게 생각합니다. 뇌 과학 분야의 선두주자인 벤슨 박사님은 '빛의 조각들' 이라는 새로운 책을 출간했습니다. 이 책은 혁신적이고, 재미있으며, 모두에게 유익하다는 평을 받아왔으며, 발간 즉시 전국적인 베스트셀러가 되었습니다. 박사님께 직접 더 많은 이야기를 들어보겠습니다. 벤슨 박사님을 환영해주세요!

강세 / 끊어 읽기 ╱ 올려 읽기

고득점 포인트

• 다음 형용사의 강세 위치에 주의하세요.

innovative, entertaining, instructive

• immediately를 발음할 때는 -에이틀리가 아니라 -엇틀리로 발음하세요.
자주 출제되는 다음 단어들도 -에이트가 아니라 -엇으로 발음하도록 주의하세요.

accurate, alternate, passionate, appropriate, considerate

Questions 3-4

Q3

주요 대상

- 사진 오른쪽의 여자
- 사진 가운데의 교통 표지판
- 사진 왼쪽의 사람들
- 배경의 건물

장소	I think this picture was taken at a street market. 이 사진은 길거리 시장에서 찍힌 것 같습니다.
대상1	On the right side of the picture, a woman is walking along the sidewalk. 사진의 오른쪽에, 한 여자가 인도를 따라 걷고 있습니다.
대상2	In front of her, there is a red traffic sign. 그녀의 앞에, 빨간색 교통 표지판이 있습니다.
대상3	On the left side of the picture, many people are looking around the market. 사진의 왼쪽에, 많은 사람들이 시장을 둘러보고 있습니다.
대상4	In the background of the picture, I can see an old-looking building. 사진의 배경에, 오래되어 보이는 건물이 있습니다.

어휘 walk along ~을 따라 걷다 traffic sign 교통 표지판 look around ~을 둘러보다 old-looking 오래되어 보이는

고득점 포인트

대상의 앞에 형용사를 추가해서 더 세부적인 묘사를 할 수 있습니다.

색상	gray, white, light blue	크기	big, large, small
수량	two, some, many, a lot of	외형	tall, old-looking, traditional

Q4

주요 대상

- 사진 가운데의 남자
- 남자 뒤의 화이트보드
- 남자 앞의 노트북과 삼각대

장소	I think this is a picture of a classroom. 이것은 교실 사진인 것 같습니다.
대상1	In the middle of the picture, a man with short black hair is pointing at a whiteboard behind him. 사진의 가운데에, 짧은 검정 머리를 한 남자가 그의 뒤에 있는 화이트보드를 가리키고 있습니다. It seems like he is teaching math online using a smartphone. 그는 스마트폰을 이용해서 온라인으로 수학을 가르치는 것 같습니다.
대상2	In front of him, there is a laptop computer and a black tripod. 그의 앞에, 노트북 컴퓨터와 검정색 삼각대가 있습니다.

어휘 point at ~을 가리키다   using ~을 이용해서   tripod 삼각대

고득점 포인트

- 전치사 with를 이용해서 동작과 머리 스타일을 함께 설명할 수 있습니다.

A man with short black hair is pointing at a whiteboard.
 주어   with + 머리 스타일   동사

- 현재분사 using를 이용해서 동작에 사용하는 도구를 설명할 수 있습니다.

He is teaching math online using a smartphone.
        동작   현재분사   도구

Questions 5-7

Imagine that your close friend is planning to go on a trip.

You and your friend are having a telephone conversation about traveling.

당신의 친한 친구가 여행을 계획 중이라고 가정해 보세요.

당신은 친구와 여행에 대해 전화 통화를 하고 있습니다.

Q5	Which country would you like to travel to, and have you ever been there? 어느 나라를 여행하고 싶어? 거기에 가본 적 있어?	
A5	I would like to travel to Thailand, and I have never been there. 나는 태국을 여행하고 싶고, 거기에 한 번도 가본 적 없어.	
Q6	Do you think you would travel to another country within the next year? Why or why not? 앞으로 1년 안에 다른 나라로 여행할 것 같아? 그 이유가 뭐야?	
A6	I don't think I would travel to another country within the next year. It's because I'm very busy at work these days. 앞으로 1년 안에 다른 나라로 여행할 것 같지 않아. 왜냐면 난 요즘 직장에서 매우 바빠.	
Q7	If you were traveling in a new town or a city, which of the following would you be most likely to do, and why? · Eat at a local restaurant　· Go shopping in the area　· Join a guided tour 만약 새로운 도시나 마을을 여행한다면, 다음 중 어느 것을 제일 하고 싶어? 그 이유는 뭐야? · 현지 식당에서 식사하기　　· 그 지역에서 쇼핑하기　　· 가이드 투어에 참여하기	
A7	**시작**	I would be most likely to eat at a local restaurant. 나는 현지 식당에서 식사를 하고 싶어.	
	이유1 + 추가 문장	It's because I want to try various local foods. 왜냐하면 나는 다양한 현지 음식을 먹어보고 싶기 때문이야.	Through the foods, I can experience their culture. 음식을 통해서 나는 그들의 문화를 경험할 수 있어.
	이유2 + 추가 문장	Also, I enjoy taking pictures of food. 또한, 나는 음식 사진을 찍는 것을 좋아해.	I usually post the pictures on my Instagram. 보통 나는 그 사진들을 인스타그램에 올려.

Q5 'called + 고유명사'를 활용해서 더 구체적으로 답변할 수 있습니다.

I went to a city called Ten-jin. 저는 텐진이라는 도시에 갔습니다.

Q6 흔히 사용되는 형용사를 아래와 같이 변경해서 더 구체적인 의미를 전달할 수 있습니다.

easy (쉬운) ▶ convenient (편리한)

cheap (저렴한) ▶ affordable (가격이 알맞은), reasonable (비용이 합리적인)

many (많은) ▶ many kinds of, various (많은 종류의)

Q7 질문에 would가 포함된 경우에는 답변에도 꼭 사용해 주세요.

추가 아이디어 연습

Q6 1년 안에 다른 나라로 여행할 것 같은 이유

- I'm going to quit my job this year. 나는 올해 일을 그만 둘 예정이야.
- My family is planning to travel to Japan next month. 우리 가족은 다음 달에 일본으로 여행을 갈 계획이야.

Q7 '가이드 투어에 참여하기' 입장의 이유와 추가문장

이유1 + 추가 문장	It's because I don't have to make travel plans myself. 왜냐하면 내가 직접 여행 계획을 짤 필요가 없어.	So, I can travel more comfortably. 그래서 나는 더 편하게 여행할 수 있어.
이유2 + 추가 문장	Also, I can get interesting information about tourist attractions. 또한, 나는 관광지에 대한 흥미로운 정보를 얻을 수 있어.	So, it is helpful to understand the place better. 그래서 그 장소를 더 잘 이해하는데 도움이 돼.

필수 표현 리뷰

아래 표현을 영어로 소리 내어 말해보거나 작성해 보고 본문 p.204에서 모범 답안을 확인하세요.

다양한 현지 음식	~의 사진을 찍다	내 인스타그램에 사진을 올리다
내 일을 그만두다	여행 계획을 짜다	관광지

Questions 8-10

프로그램 일정

알파인 전자회사 신입사원 오리엔테이션, 8월 11일	
오전 9:00 - 오전 9:30	환영 인사, 로라 쿠퍼 (전무 이사)
오전 9:30 - 오전 10:30	영상 시청: "알파인의 과거, 현재 그리고 미래"
오전 10:30 - 오전 11:00	~~프래젠테이션: 직장에서의 의사소통~~ <13일로 일정 변경>
오전 11:00 - 정오	부서 회의
정오 - 오후 1:00	점심 식사 (앤스 키친에서 제공)
오후 1:00 - 오후 2:00	안전 지침: 저스틴 레이놀즈(안전 감독관)
오후 2:00 - 오후 4:00	견학: 오클랜드 제조 공장

Hi, this is Tim Thomas, the manager of the Human Resources Department. I have a few questions about the new employee orientation schedule you're putting together.
안녕하세요, 저는 인사부 관리자 팀 토마스입니다. 준비 중이신 신입사원 오리엔테이션 일정에 대해 몇 가지 질문이 있어요.

Q8
Who is giving the welcome speech? And what time is it scheduled?
환영사는 누가 하나요? 그리고 몇 시에 예정되어 있나요?

A8
Laura Cooper, the executive director, will give the welcome speech at 9 A.M.
전무 이사인 로라 쿠퍼가 오전 9시에 환영사를 할 것입니다

Q9
I'd like to give a brief presentation in the morning about employee benefits, and I need 30 minutes at most. Is there any time that we could fit this into the schedule?
오전에 직원 복지혜택에 대해 간략하게 발표하려고 하는데, 최대 30분이 필요합니다. 이것을 일정에 포함할 수 있을까요?

A9
Fortunately, a presentation on "Communicating in the Workplace" has been rescheduled to the 13th. So, you can give your presentation at 10:30.
다행히도, "직장에서의 의사소통"에 대한 발표가 13일로 변경되었습니다. 그래서 당신은 10시 30분에 발표를 할 수 있습니다.

Q10	I want to check what is scheduled after the lunch break. Could you give me all the details about what's going on after lunch? 점심시간 이후에 무엇이 예정되어 있는지 확인하고 싶습니다. 이후의 세부 일정에 대해 말해주시겠어요?
A10	There are two scheduled sessions. First, Justin Reynolds, the safety supervisor, will give a presentation on "Safety Guidelines" at 1 P.M. Second, there will be a tour of the Auckland manufacturing plant from 2 to 4 P.M. 두 개의 세션이 있습니다. 먼저, 안전 감독관인 저스틴 레이놀즈가 오후 1시에 안전 지침에 대해 발표를 할 것입니다. 그 다음, 오후 2시부터 4시까지 오클랜드 제조 공장 견학이 있습니다.

고득점 포인트

Q8 사람의 직급 앞에는 the를 붙여주세요.

Q9 아래와 같이 답변의 구성을 변경할 수 있습니다.

> Fortunately, you can give your presentation at 10:30 because a presentation on "Communicating in the Workplace" has been rescheduled to the 13th.
> 다행히도, "직장에서의 의사소통"에 대한 프레젠테이션이 13일로 변경되어 당신은 10시 30분에 발표를 할 수 있습니다.

정보의 변경을 설명할 때 쓰이는 rescheduled, canceled, postponed는 현재완료 수동태 시제(have been + 과거분사)를 사용해서 답변하세요. 현재완료(have + 과거분사)와 수동태(be + 과거분사)가 합쳐진 시제로, 현재완료의 과거분사 자리에 수동태의 be가 오면서 been으로 바뀝니다.

Q10 시간 정보 설명하기

- 평소 답변 시간에 여유가 있다면 'from A to B'를 이용해서 끝나는 시간도 말해주세요.
- from 2 to 4 P.M.에서는 숫자 2와 4를 전치사 to보다 길고 강하게 읽어주세요.
- 답변 시간이 부족하면 'at+시작 시각'만 말해주세요. 점수에 큰 영향을 주는 부분은 아닙니다.

추가 연습 문제 (9번)

Q The construction of our new caféteria is not finished yet. Should I prepare lunch boxes for the attendees?
구내식당의 공사가 아직 끝나지 않았습니다. 참석자들을 위해 점심 도시락을 준비해야 할까요?

A That won't be necessary. Lunch will be catered by Ann's Kitchen.
그러지 않으셔도 됩니다. 점심 식사는 앤스 키친에서 제공될 것입니다.

Question 11

직장 생활

> Do you agree or disagree with the following statement?
> *Using email for communication at work is more effective than talking on the phone.*
> Give reasons or examples to support your opinion.
> 다음의 의견에 동의하시나요, 아니면 반대하시나요?
> *직장에서 이메일을 사용하는 것이 전화 통화보다 더 효과적인 소통 방식이다.*
> 당신의 의견을 뒷받침하기 위한 이유나 예시를 제시하세요.

답변 아이디어 만들기

아래 예시를 참고해서 답변 아이디어를 완성해 보세요.

입장	동의		이유	이메일을 다시 확인할 수 있음 그래서 직장에서 실수를 줄일 수 있음
긍정적 예시	도입		이메일을 이용한 나의 소통 방식 소개	
	전개		이메일 소통의 장점 설명	
	결과		그로 인한 긍정적인 결과	

만점 답변

시작	I agree that using email for communication at work is more effective than talking on the phone. 저는 직장에서 이메일을 사용하는 것이 더 효과적인 소통 방식이라는 것에 동의합니다.
이유	Most of all, we can check emails again and again. 무엇보다도, 우리는 이메일을 반복해서 확인할 수 있습니다. So, we can reduce mistakes at work. 그래서 우리는 직장에서 실수를 줄일 수 있습니다.

긍정적 예시	도입	In my case, I usually communicate with my coworkers by email. 저의 경우, 저는 이메일로 직장 동료들과 주로 소통합니다.
	전개	So, if I don't remember something or get confused, I can read the email again. 그래서 기억이 나지 않거나 헷갈리면 다시 이메일을 읽을 수 있습니다.
	결과	As a result, I can avoid communication mistakes while working. 그 결과, 저는 일하는 동안 의사소통 실수를 피할 수 있습니다.

제시된 아이디어를 이용해서 다시 한번 답변해 보세요.

입장		반대	이유	빠르게 일을 하기 어려움 구체적으로 말하면, 답장을 기다려야 함
긍정적 예시	도입			이메일을 선호했던 과거 소통 방식 소개
	전개			발생한 문제점 설명
	전환			전화 통화를 선호하는 현재 소통 방식 소개
	결과			그로 인한 긍정적인 결과

시작		I disagree that using email for communication at work is more effective than talking on the phone. 저는 직장에서 이메일을 사용하는 것이 더 효과적인 의사소통 방식이라는 것에 반대합니다.
이유		Most of all, it is difficult to communicate quickly. 무엇보다도, 빠르게 소통을 하기 어렵습니다. Specifically, we need to wait until we receive a reply. 구체적으로 말하면, 우리는 그들이 답장할 때까지 기다려야 합니다.
긍정적 예시	도입	When I was a new employee, I communicated with my coworkers by email. 제가 신입사원이었을 때, 저는 이메일로 직장 동료들과 소통했습니다.
	전개	However, it took a long time to receive a reply sometimes. 하지만, 가끔 답장을 받는데 오랜 시간이 걸렸습니다.
	전환	So nowadays, I just call them for quicker communication. 그래서 요즘에는 빠른 소통을 위해 그들에게 전화를 합니다.
	결과	As a result, I can work faster than before. 그 결과, 이전보다 더 빠르게 일할 수 있습니다.

고득점 포인트

답변을 만들기 너무 어려워요

답변을 만들기 어려우면 문장 수를 줄여보세요. 위 답변에서는 이유의 두 번째 문장과 예시의 결과 문장을 생략해도 됩니다. 영어의 기초가 부족하다면 이유 한 문장과 예시 세 문장을 만드는 것을 목표로 하세요.

필수 표현 리뷰

아래 표현을 영어로 소리 내어 말해보거나 작성해 보고 본문 p.204에서 모범 답안을 확인하세요.

실수를 줄이다	이메일을 이용해서	헷갈리다	~하는 데 오랜 시간이 걸리다

실전 모의고사 4

◁)) MP3 AT4 1-11

Questions 1-2

Q1 광고

Have you been searching for an apartment in the downtown / but haven't found anything attractive yet↗? / This spring can be your chance. / Clayfield Apartment↘, / located in the center of the East Park district↘, / is about to open. / The units are modern↘, / spacious↘, / and remarkably affordable. / To visit the open house↘, / please call 354-9772.

도심에서 아파트를 찾고 있지만 아직 마음에 드는 것을 찾지 못했나요? 이번 봄이 여러분의 기회가 될 수 있습니다. 이스트 파크 지구의 중심에 위치한 클레이필드 아파트가 곧 오픈 예정입니다. 이 아파트는 현대적이고, 넓으며, 매우 저렴합니다. 오픈 하우스에 방문하려면 354-9772로 전화주세요.

강세 / **끊어 읽기** / ↗ 올려 읽기

고득점 **포인트**

• 부정어는 강세를 두어 읽어주세요. 첫 문장의 haven't는 have보다 강하게 읽어야 합니다.

• 전화번호는 한 자리씩 읽고, 마지막 숫자인 4와 2에 강세를 두세요. 방 번호, 교통편, 번지수도 동일하게 읽어주세요.

• '~을 하려고 하다'라는 의미의 be about to에서 전치사 about에 강세를 두세요.

Q2 공지사항

This is an important announcement about the parking area here / at the Fortitude Building. / Starting tomorrow↗, / the green↗, / blue↗, / and black parking areas / will be under construction for 2 weeks. / If you usually drive to work↗, / please consider getting a ride with someone / or using public transportation to avoid congestion.

포티튜드 빌딩의 주차장에 대한 중요한 공지를 드립니다. 내일부터 녹색, 파랑, 그리고 검은색 주차장에 2주간 공사가 진행될 예정입니다. 평소에 차로 출근하시는 분들은 혼잡을 피하기 위해 다른 사람들과 함께 차를 타거나 대중교통을 이용하는 것을 고려하시기 바랍니다.

강세 / 끊어 읽기 / 올려 읽기

고득점 포인트

숫자와 전치사가 함께 나열된 경우, 숫자를 더 길고 강하게 읽어주세요.

예 There is a speech from 1 to 3 P.M.
It will last for 4 hours.
The show will begin at 8 A.M.

Questions 3-4

Q3

주요 대상

• 사진 오른쪽의 여자

• 사진 왼쪽의 남자

• 남자 앞의 카메라 or 배경의 자동차

장소	I think this picture was taken at a flea market. 이 사진은 벼룩시장에서 찍힌 것 같습니다.
대상1	On the right side of the picture, a woman wearing a white T-shirt is testing a camera. 사진의 오른쪽에, 흰색 티셔츠를 입고 있는 여자가 카메라를 테스트하고 있습니다.
대상 2	On the left side of the picture, a man is looking at her while sitting under a yellow parasol. He is wearing a brown cap. 사진의 왼쪽에, 한 남자가 노란 파라솔 아래에 앉아서 여자를 쳐다보고 있습니다. 그는 갈색 모자를 쓰고 있습니다.
대상 3	In front of him, many cameras are displayed on the table. 그의 앞에, 많은 카메라가 테이블 위에 진열되어 있습니다.

어휘 flea market 벼룩시장 parasol 파라솔

고득점 포인트

수동태(be + 과거분사)를 이용하면 사물의 상태를 더 자세하게 설명할 수 있습니다. 사진 묘사에서 자주 사용되는 수동태 표현은 아래와 같습니다.

parked 주차된 docked 배가 정박된 gathered 모여 있는 stacked 쌓여 있는

displayed 상품이 진열된 arranged 잘 정리된 opened 열려 있는

Q4

주요 대상

- 사진 가운데의 건물
- 건물 앞의 사람들
- 사진 오른쪽의 나무
- 사진 왼쪽의 보트

장소	I think this picture was taken by a riverside. 이 사진은 강변에서 찍힌 것 같습니다.
대상1	In the middle of the picture, there is a gray building. 사진의 가운데에, 회색 건물이 있습니다.
대상2	And many people are gathered in front of the building. 그리고 많은 사람들이 건물 앞에 모여 있습니다.
대상3	On the right side of the picture, I can see a tall tree. 사진의 오른쪽에, 큰 나무가 보입니다.
대상4	On the left side of the picture, a boat is going along the river. 사진의 왼쪽에, 보트가 강을 따라 가고 있습니다.

어휘 riverside 강변, 강가 be gathered 모여있다 go along ~을 따라가다

고득점 포인트

- 동일한 문장 구조의 반복은 피하기 위해 문장의 앞에 and를 넣거나 대상의 위치를 나중에 설명할 수 있습니다.
  And many people are gathered in front of the building.

- 하늘, 건물, 나무를 언급할 때는 앞에 형용사를 더해주세요.
  a cloudy sky 흐린 하늘
  a two-story building 2층 건물
  a tall tree 큰 나무

Actual Test 4

Questions 5-7

Imagine that a hobby magazine is conducting a survey in your area.
You have agreed to participate in an interview about live performances, such as plays or concerts.
한 취미 잡지가 당신이 사는 지역에서 설문조사를 하고 있다고 가정해 보세요.
당신은 연극이나 콘서트 같은 라이브 공연에 대한 인터뷰에 참여하기로 동의했습니다.

Q5	How often do you attend a live performance, and who do you usually go with?
	라이브 공연을 얼마나 자주 보러 가시나요? 그리고 보통 누구와 함께 가시나요?
A5	I attend a live performance about once or twice a year, and I usually go with my friends.
	저는 1년에 한두 번 정도 라이브 공연에 가며, 주로 친구들과 함께 봅니다.
Q6	Where is the best place to watch live performances in your city? Why?
	당신의 도시에서 라이브 공연을 관람하기 가장 좋은 장소는 어디인가요? 그 이유는 무엇인가요?
A6	The best place to watch live performances in my city is Seoul Art Theater. It's because the theater is connected to the subway station.
	제가 사는 도시에서 라이브 공연을 볼 수 있는 최고의 장소는 서울예술극장입니다. 왜냐하면 극장이 지하철역과 연결되어 있기 때문입니다.
Q7	If a famous actor is in a live performance, such as a play or musical, would you like to watch it more?
	유명한 배우가 연극이나 뮤지컬 같은 라이브 공연에 출연한다면, 그 공연을 더 보고 싶으신가요?

A7	시작	Yes, I would like to watch it more. 네, 저는 그 공연을 더 보려 하겠습니다.	
	이유 1 + 추가 문장	It's because they have good acting skills. 왜냐하면 그들은 연기력이 뛰어나기 때문입니다.	So, it is easy for me to focus on the performance. 그래서 저는 공연에 집중하기 쉽습니다.
	이유 2 + 추가 문장	Also, it is exciting to see famous actors in person. 또한, 유명한 배우들을 실제로 보는 것은 신나는 일입니다.	After the show, I can take a picture with them or get their autograph. 공연이 끝난 후, 그들과 사진을 찍거나 사인을 받을 수 있습니다.

Q5 전치사 'or' 활용하기

5번 답변에서 전치사 or를 활용해서 더 길고 자연스러운 문장을 만들 수 있습니다.

빈도	once or twice a day 하루에 한두 번	사람	with my friends or family 친구나 가족과 함께
시간	in the morning or evening 아침이나 저녁에	장소	at home or in my car 집이나 차 안에서

추가 아이디어 연습

Q6 추가 이유 아이디어

- It has excellent sound equipment. 그 극장은 뛰어난 음향 시설을 갖추고 있습니다.
- The theater holds a variety of live performances. 그 극장은 다양한 라이브 공연을 개최합니다.

Q7 '공연을 보려 하지 않기' 입장의 이유와 추가 문장

이유 1 + 추가 문장	It's because it could be challenging to book the tickets. 왜냐하면 표를 예매하기 어렵기 때문입니다.	The tickets could be sold out in a few minutes. 표는 몇 분 안에 매진될 수 있습니다.
이유 2 + 추가 문장	Also, the theater would be very crowded. 또한, 극장이 매우 혼잡할 것입니다.	So, it might be hard to focus on the performance. 그래서 공연에 집중하기 어려울 수 있습니다.

필수 표현 리뷰

아래 표현을 영어로 소리 내어 말해보거나 작성해 보고 본문 p.204에서 모범 답안을 확인하세요.

일 년에 한두 번	~와 연결되어 있는	실제로, 직접	열다, 개최하다
훌륭한 시설	티켓을 예매하다	매진된, 품절된	혼잡한

Questions 8-10

프로그램 일정

제16회 네브라스카 냉장 컨퍼런스

장소: 링컨 대학교 일시: 11월 17일-18일

11월 17일

기조 연설: 스마트 냉장 기술	이안 모리슨
세미나: 태양열 에너지와 냉장 기술	모니카 헤릭
강연: 대체 냉장 기술	애쉬 버틀러

11월 18일

신제품 전시	렉싱턴 홀
컨퍼런스 오찬	북쪽 및 남쪽 연회장
패널 토론: 에너지 고효율 냉장	이안 모리슨

* 등록 비용: 250달러 (11월 5일까지 등록해야 함)

Hi, I'm planning to attend the refrigeration conference, but I haven't received the schedule yet. Could you answer a few questions for me?

안녕하세요, 저는 냉장 컨퍼런스에 참석할 예정인데 아직 일정표를 받지 못했습니다. 몇 가지 질문에 답변해 주실 수 있나요?

Q8	When is the conference being held, and where do I have to go? 컨퍼런스는 언제 열리며, 어디로 가야 하나요?
A8	The conference will be held from November 17th to the 18th at Lincoln University. 컨퍼런스는 11월 17일부터 18일까지 링컨 대학교에서 열립니다.
Q9	As far as I remember, it was 150 dollars for the registration fee last year. Will it be the same this year, too? 제 기억으로는 작년 등록비가 150달러였습니다. 올해도 같나요?
A9	Actually, it is $250 this year and you need to register by November 5th. 실은 올해는 250달러이며, 11월 5일까지 등록하셔야 합니다.

Q10	I was really impressed by Ian Morrison's presentation last year. Could you tell me all the details of the sessions led by him? 작년에 저는 이안 모리슨의 발표에 정말 감명받았습니다. 그가 진행하는 세션의 세부 사항을 알려주시겠어요?
A10	There are two scheduled sessions. First, Ian Morrison will give a keynote speech on "Smart Refrigeration Technology" on November 17th. Second, a panel discussion on "Energy-efficient Refrigeration" will be conducted by him on November 18th. 두 가지 세션이 있습니다. 먼저, 이안 모리슨은 11월 17일에 스마트 냉장 기술에 대한 기조연설을 할 것입니다. 그 다음, 그는 11월 18일에 에너지 고효율 냉장에 대한 패널 토론을 진행할 것입니다.

고득점 포인트

Q8   행사가 열리는 기간은 다음과 같이 설명합니다.

from November 17th to the 18th 11월 17일부터 18일까지
    월 + 날짜   the + 날짜

- 시간과 장소를 설명하기 위해 '주어 + will be held' 구문을 사용합니다. 준비 시간 동안 '주어' 자리에 들어갈 명사를 표의 상단에서 미리 찾아두세요.

Q9   조동사 'must'는 직장 동료나 고객과의 대화에서 사용하기에 의미가 너무 강할 수 있습니다. 'should'나 'need to'같은 권유형 조동사를 대신 사용하세요.

Q10   답변 중 '이안 모리슨'은 몇 번 말해야 할까요?

이안 모리슨이 진행하는 세션의 세부 사항을 묻고 있으므로, 답변에 그의 이름을 언급하지 않아도 됩니다. 대신 대명사 he, him을 사용하세요.

추가 연습 문제 (9번)

Q The conference will be a one-day event on November 17th. Right?
컨퍼런스는 11월 17일 하루 동안 열리는 행사가 맞나요?

A I'm sorry, but you have the wrong information. The conference will be held for two days (from November 17th to the 18th).
죄송하지만, 잘못 알고 계십니다. 컨퍼런스는 (11월 17일부터 18일까지) 이틀 동안 열립니다.

Question 11

직장 생활

What are the advantages of getting a job in a start-up company?

Give reasons or examples to support your opinion.

스타트업 회사에 취직하는 것의 장점은 무엇인가요?

당신의 의견을 뒷받침하기 위한 이유나 예시를 제시하세요.

답변 아이디어 만들기

아래 예시를 참고해서 답변 아이디어를 완성해 보세요.

장점		직장에서 다양한 업무를 경험할 수 있음 그래서 직장에서 빠르게 성장할 수 있음
긍정적 예시	도입	스타트업 회사에 입사한 자신 혹은 지인의 상황 소개
	전개	재직 중 경험한 다양한 업무 설명
	결과	그로 인한 긍정적인 결과

만점 답변

시작		There are some advantages of getting a job in a start-up company. 스타트업 회사에 취직하는 것에는 몇 가지 장점이 있습니다.
장점		Most of all, we can experience a variety of tasks in the workplace. 무엇보다도, 우리는 직장에서 다양한 업무를 경험할 수 있습니다. So, we can grow quickly in the workplace. 그래서 우리는 직장에서 빠르게 성장할 수 있습니다.
긍정적 예시	도입	My close friend handled various tasks while working at a start-up game company. 제 친한 친구는 스타트업 게임 회사에서 일하면서 다양한 업무를 다루었습니다.
	전개	For example, she hired and trained new employees. 예를 들면, 그녀는 신입사원을 채용하고 교육시켰습니다. Also, she promoted new games on various social media platforms. 또한, 그녀는 다양한 소셜 미디어 플랫폼에서 새로운 게임을 홍보했습니다.
	결과	As a result, she became the vice president in 10 years. 그 결과, 그녀는 10년 만에 부사장이 되었습니다.

제시된 아이디어를 이용해서 다시 한번 답변해 보세요.

장점		직원들이 더 유연한 환경에서 일할 수 있음
긍정적 예시	도입	스타트업 회사의 자유로운 소통 환경 소개
	전개	회사 내 구체적인 소통 사례 설명
	결과	그로 인한 긍정적인 결과

장점		Most of all, employees can work in a more flexible environment. 무엇보다도, 직원들이 더 유연한 환경에서 일할 수 있습니다.
긍정적 예시	도입	In most start-up companies, employees freely communicate with each other. 대부분의 스타트업 회사에서는 직원들이 서로 자유롭게 의사소통을 합니다.
	전개	So, anyone can freely express their opinions in the workplace. 그래서 직장에서 누구나 자유롭게 의견을 제시할 수 있습니다.
	결과	As a result, it is easier to gain new and innovative ideas. 그 결과, 새롭고 혁신적인 아이디어를 얻기가 더 쉽습니다. Also, employees can work more creatively. 또한, 직원들은 더욱 창의적으로 일할 수 있습니다.

Actual Test 4

고득점 **포인트**

논리적인 답변 만들기

11번 답변에서 고득점을 얻기 위해서는 답변의 논리성이 중요합니다. 복잡하고 어려운 문법이나 어휘를 사용하더라도 답변이 논리적이지 않으면 높은 점수를 기대하기 어렵습니다. 그러므로 내가 만든 답변이 주제와 일치하는지, 기승전결이 명확하게 구성되어 있는지를 꼭 확인해야 합니다.

필수 표현 **리뷰**

아래 표현을 영어로 소리 내어 말해보거나 작성해 보고 본문 p.204에서 모범 답안을 확인하세요.

다양한 업무	유용한 업무 스킬	유연한 환경에서	의견을 제시하다

Questions 1-2

Q1 자동응답 메시지

Thank you for calling Commonwealth Bank. / We aim to deliver quick↗, / convenient↗, / and reliable banking services. / For questions regarding account information↗, / please press one. / For help with online banking↗, / please press two. / If you want to speak to one of our representatives↗, / please feel free to leave a message / after the beep. / We will call you back as soon as possible.

커먼웰스 은행에 전화 주셔서 감사합니다. 저희는 빠르고, 편리하며, 신뢰할 수 있는 금융 서비스를 제공하기 위해 노력하고 있습니다. 계좌 정보에 관한 문의는 1번을 눌러주세요. 온라인 뱅킹에 대한 도움을 받으시려면 2번을 눌러주세요. 상담원과 통화를 원하시면 삐 소리 후 메시지를 남겨주세요. 가능한 빨리 연락 드리겠습니다.

강세 / 끊어 읽기 ↗ 올려 읽기

고득점 포인트

• 모음이 연이어 들어간 단어는 길게 발음해주세요.

So, please feel free to leave a message after the beep.

• 시간 관련 부사에는 강세를 두세요. 대표적인 예로는 다음이 있습니다.

soon, now, shortly, immediately, yesterday, today, tomorrow

Q2 교통 정보

Today's traffic report / is brought to you by Grey Tree clothing store. / Exit 15 on Highway 107 is currently closed / due to emergency repairs to the traffic lights. / Until the work is finished↗, / drivers should use Exit 21. / Also↗, / remember / that the yellow lane of the highway / is reserved for buses↗, / trucks↗, / and other large vehicles every weekday / from 1 to 6 P.M.

오늘의 교통정보는 그레이 트리 의류점으로부터 제공됩니다. 현재 107번 고속도로의 15번 출구는 신호등 긴급 수리로 인해 폐쇄되었습니다. 작업이 완료될 때까지, 운전자들은 21번 출구를 사용해야 합니다. 또한, 고속도로의 노란 차선은 평일 오후 1시부터 6시까지 버스, 트럭 및 기타 대형 차량 전용인 점에 유념해주세요.

강세 / **끊어 읽기** / 올려 읽기

고득점 포인트

• 숫자 15는 두 번째 음절인 '-teen'에 강세를 두어 천천히 발음해주세요. 만약 'fif-'에 강세를 두거나 너무 빨리 말하면 숫자 50으로 들릴 수 있습니다. 13부터 19까지의 모든 숫자에 동일하게 적용됩니다.

• 다음 단어들은 두 번째 음절을 '어'에 가까운 소리로 발음합니다.

currently, forest, foreign

Questions 3-4

Q3

주요 대상

• 사진 아래쪽의 두 사람

• 그들 뒤의 한 남자

• 사진 가운데 계단의 두 사람

• 사진 왼쪽의 한 남자

장소	I think this is a picture of an office. 이것은 사무실 사진인 것 같습니다.
대상1	At the bottom of the picture, two people are talking to each other. 사진의 아래쪽에, 두 사람이 서로 이야기를 하고 있습니다.
대상2	Behind them, a man wearing jeans is holding a bicycle. 그들의 뒤에, 청바지를 입은 남자가 자전거를 잡고 있습니다.
대상3	In the middle of the picture, other two people are coming down the stairs. 사진의 가운데에, 다른 두 사람이 계단을 내려오고 있습니다.
대상4	On the left side of the picture, another man is looking at a monitor. 사진의 왼쪽에, 또 다른 남자가 모니터를 쳐다보고 있습니다.

어휘 come down the stairs 계단을 내려오다 hold 잡고 있다

고득점 포인트

• 네 가지 대상을 모두 묘사하기에는 시간이 부족할 수 있습니다. 서두르지 말고 일정한 리듬으로 말하되, 답변이 끊길 경우를 대비하여 중요도가 높은 대상부터 묘사하세요.

• 형용사 'another'와 'other'를 사용하여 단수명사(a man, a woman)와 복수명사(two people)의 반복을 피할 수 있습니다.

Q4

주요 대상

- 사진 오른쪽의 남자
- 그 앞의 남자
- 차 뒤의 삼각형 경고판

장소	I think this picture was taken on the roadside. 이 사진은 도로변에서 찍힌 것 같습니다.
대상1	On the right side of the picture, a man is talking on the phone while looking at a car. 사진의 오른쪽에, 한 남자가 차를 쳐다보며 전화 통화를 하고 있습니다. It seems like the car has broken down on the road. 차가 도로에서 고장 난 것처럼 보입니다.
대상2	In front of him, another man wearing a checkered shirt is looking under the bonnet. 그의 앞에, 체크 무늬 셔츠를 입은 다른 남자가 보닛 아래를 들여다보고 있습니다.
대상3	Behind the car, there is a warning triangle on the road. 차의 뒤에, 삼각형 경고판이 도로 위에 놓여 있습니다.

어휘　roadside 도로변　break down 고장 나다　bonnet 보닛, 차 전면부 덮개　warning triangle 삼각형 경고판

고득점 포인트

- 현재완료 시제(have + 과거분사)를 이용해서 'has broken down'이라고 말하면, 차가 최근에 고장 났으며 그 결과가 현재에도 영향을 미치고 있다는 의미입니다. 과거 시제 'broke down'도 사용 가능하지만, 고장이 언제 발생했는지 분명하지 않기 때문에 의미가 덜 구체적입니다.

- 길 관련 필수 어휘

  sidewalk 인도　road 도로　street 거리, 도로(도심지 내)　alley 골목길　crosswalk 횡단보도　intersection 교차로

Questions 5-7

Imagine that a Canadian marketing firm is doing research in your area.
You have agreed to participate in a telephone interview about camping.
캐나다의 한 마케팅 회사가 당신이 사는 지역에서 설문조사를 하고 있다고 가정해 보세요.
당신은 캠핑에 대한 전화 인터뷰에 참여하기로 동의했습니다.

Q5	In what season would you prefer to go camping, and why? 당신은 어느 계절에 캠핑을 가는 것을 선호하시나요? 그리고 그 이유는 무엇인가요?
A5	I would prefer to go camping in the spring because the weather is warm, and I can see a lot of flowers at a camping site. 저는 봄에 캠핑을 가는 것을 선호합니다. 왜냐하면 날씨가 따뜻하고 캠핑장에서 많은 꽃을 볼 수 있기 때문입니다.
Q6	If you go camping, would you be willing to go alone? Why or why not? 만약에 캠핑을 간다면, 혼자서 갈 의향이 있나요? 그 이유는 무엇인가요?
A6	Actually, no. It would be boring to go camping alone. 사실, 그럴 의향이 없습니다. 혼자서 캠핑을 가는 것은 지루할 것 같습니다.
Q7	Do you enjoy outdoor activities like camping or hiking more often now than you did five years ago? Why? 당신은 캠핑이나 등산과 같은 야외 활동을 5년 전보다 더 자주 즐기나요? 그 이유는 무엇인가요?

A7	시작	Yes, I do. 네, 그렇습니다.	
	이유 1 + 추가 문장	It's because I recently joined a camping club. 왜냐하면 저는 최근에 캠핑 동호회에 가입했기 때문입니다.	So, I go camping once a month. 그래서 저는 한 달에 한번씩 캠핑을 갑니다.
	이유 2 + 추가 문장	Also, many camping sites have opened around my city. 또한, 도시 주변에 많은 캠핑장이 생겼습니다.	So, it is very convenient to go camping these days. 그래서 요즘은 캠핑을 가기가 매우 편리합니다.

Q6 첫 문장을 간단히 말한 후, 이어지는 이유 문장 영작에 더 많은 시간을 할애하는 것도 좋은 답변 전략입니다.

Q7 두 번째 이유 문장에도 현재완료 시제가 사용되었습니다.

추가 아이디어 **연습**

Q6 혼자서 캠핑을 가는 이유

- I can enjoy camping in a quiet environment. 저는 조용한 환경에서 캠핑을 즐길 수 있습니다.
- I don't have to coordinate the camping schedule with others. 다른 사람들과 캠핑 일정을 조율할 필요가 없습니다.

Q7 '즐기지 않음' 입장의 이유와 추가문장

이유1 + 추가 문장	It's because there are too many people at camping sites these days. 요즘에는 캠핑장에 사람이 너무 많기 때문입니다.	So, I can't rest in a quiet environment. 그래서 조용한 환경에서 쉴 수가 없습니다.
이유2 + 추가 문장	Also, I got a job about two years ago. 또한, 저는 약 2년 전에 취업을 했습니다.	So, I don't have much free time for outdoor activities. 그래서 야외 활동을 위한 자유 시간이 많지 않습니다.

필수 표현 **리뷰**

아래 표현을 영어로 소리 내어 말해보거나 작성해 보고 본문 p.205에서 모범 답안을 확인하세요.

캠핑을 가다	동호회에 가입하다	캠핑장	열다, 생기다
조용한 환경에서 쉬다	일정을 조율하다	취업을 하다	야외 활동

Actual Test 5

Questions 8-10

이력서

입스위치 길 504번지, 애널리, 퍼스

연락처: 0311-592-7344 / 이메일: Janewade3@june.com

제인 웨이드

---

* 희망 직급: 행정 관리자

* 경력: 레드 클리프 전자회사 (행정 보조)   2022 ~ 현재

　　　메디뱅크 건강보험 (접수 담당)   2020 ~ 2022

* 학력: 사우스 뱅크 공과대학 (경영학 학사)   2019

* 특기: 이탈리아어와 프랑스어에 유창함

* 추천인: 레이첼 던롭 (레드클리프 전자회사 사장)

Good morning. This is Amanda Kenney. I'm interviewing Jane Wade tomorrow morning, but I can't find my copy of her resume. I'd appreciate if you answer some of my questions.

안녕하세요, 저는 아만다 케니입니다. 내일 아침에 제인 웨이드와 인터뷰를 하는데, 그녀의 이력서 사본을 찾을 수가 없네요. 몇 가지 질문에 답변해 주시면 감사하겠습니다.

Q8	What school did Ms. Wade attend, and when did she finish? 그녀는 어느 학교에 다녔으며, 언제 졸업했나요?
A8	She received a bachelor's degree in business administration at Southbank Institute of Technology in 2019. 그녀는 2019년에 사우스뱅크 공과대학에서 경영학 학사 학위를 받았습니다.
Q9	We receive many calls by clients who don't speak English well. Does it look like Ms. Wade can handle some of those calls? 우리는 영어가 능숙하지 않은 고객들로부터 많은 전화를 받습니다. 그녀가 그중 일부를 응대할 수 있을까요?
A9	I think she is a suitable applicant because she is fluent in Italian and French. 그녀는 이탈리아어와 프랑스어에 유창하기 때문에 적합한 지원자라고 생각합니다.

Q10	Can you give me all the details about her work experience?
	그녀의 업무 경력에 대한 세부 사항을 알려줄 수 있나요?

A10	She has two different kinds of work experience. First, she worked at Medibank Health Insurance as a receptionist from 2020 to 2022. And then, she has been working at Redcliff Electronics as an administrative assistant since 2022.
	그녀는 두 가지의 경력이 있습니다. 먼저, 2020년부터 2022년까지 메디뱅크 건강보험에서 접수 담당으로 근무했습니다. 그리고 2022년부터 레드클리프 전자회사에서 행정 보조로 근무 중입니다.

고득점 포인트

Q8 학력에 관련된 요소를 전부 말해 주는 것도 좋은 전략입니다.

Q9 9번 문제에서는 지원자가 업무에 적합한지를 묻는 경우가 많습니다. 대개 지원자는 업무에 적합한 인물이며, 그 이유는 주로 이력서 하단에서 찾을 수 있습니다.

Q10 복수의 업무 경력을 설명할 때 시제에 주의해서 답변하세요.

추가 연습 문제 (8번)

Desired position	Human resources specialist
Preferred branch	Conrad HR Center

Q What position is she applying for, and what center does she want to work in?
  그녀는 어떤 직책에 지원하며, 어느 센터에서 일하기를 원하나요?

A She is applying for the human resources specialist position, and she wants to work at the Conrad HR Center.
  그녀는 인사 전문가 직책에 지원하며, 콘래드 HR 센터에서 일하기를 원합니다.

Actual Test 5

Question 11

직장 생활

> Imagine that you start a business. Which of the following could be the most difficult when you prepare for your business?
>
> Choose one of the options below and give reasons or examples to support your opinion.
> - Finding a good location • Hiring competent employees • Promoting the business
>
> 당신이 사업을 시작한다고 가정해 보세요. 사업을 준비하는 과정에서 다음 중 어떤 점이 가장 어려울 수 있을까요?
>
> 아래의 선택지 중 하나를 고른 뒤, 당신의 의견을 뒷받침할 이유나 예시를 제시하세요.
> - 좋은 장소 찾기 • 유능한 직원 고용하기 • 사업 홍보하기

답변 아이디어 만들기

아래 예시를 참고해서 답변 아이디어를 완성해 보세요.

입장	좋은 장소 찾기	이유	좋은 장소를 임대하는 것은 비쌈 그래서 사업을 오래 유지하기 어려울 수 있음
부정적 예시	도입		좋은 장소에 사업을 시작한 지인 소개
	전개		높은 임대료로 인해 발생한 문제점 설명
	결과		그로 인한 부정적인 결과

만점 답변

시작		I think finding a good location could be the most difficult when I prepare my business. 저는 사업을 준비할 때, 좋은 장소를 찾는 것이 가장 어려울 수 있다고 생각합니다.
이유		Most of all, it is expensive to rent a good location. 무엇보다도, 좋은 장소를 임대하는 것은 비쌉니다. So, it could be difficult to maintain a business for a long time. 그래서 사업을 오래 유지하기가 어려울 수 있습니다.
부정적 예시	도입	About three years ago, my friend opened a café in a popular area called Hongdae. 약 3년 전, 제 친구는 홍대라는 인기 있는 지역에 카페를 열었습니다.
	전개	However, he spent most of the income on rent. 그런데 그는 대부분의 수입을 임대료에 썼습니다. Also, he worked all day because he couldn't afford to hire enough part-time staff. 또한, 충분한 아르바이트 직원을 고용할 수 없어서 하루 종일 일했습니다.
	결과	Eventually, he closed the café last year. 결국, 그는 작년에 카페를 폐업했습니다.

제시된 아이디어를 이용해서 다시 한번 답변해 보세요.

입장	유능한 직원 고용하기	이유	유능한 직원은 대기업에서 일하고 싶어함 그래서 그들은 새로 생긴 회사에 관심이 없음
부정적 예시	도입		한국에서 대기업 입사의 이점 설명
	전개		그로 인해 취업시장에서 발생하는 현상 설명
	결과		작은 회사들이 겪는 어려움 설명

이유		Most of all, competent employees want to work at large companies. 무엇보다도, 유능한 직원들은 대기업에서 일하고 싶어합니다. So, they are not very interested in start-up companies. 그래서 그들은 새로 생긴 회사에 별로 관심이 없습니다.
부정적 예시	도입	For example, many large companies in Korea offer high salaries and great benefits. 예를 들어, 한국의 많은 대기업들이 높은 급여와 좋은 복지 혜택을 제공합니다.
	전개	So, most job seekers only apply to large companies. 그래서 대부분의 구직자들은 대기업에만 지원합니다.
	결과	As a result, many small businesses have a hard time hiring competent employees. 그 결과, 많은 작은 회사들이 유능한 직원 채용에 어려움을 겪습니다.

고득점 **포인트**

선택지가 주어지는 문제의 경우, 다른 유형보다 질문의 구조가 복잡하여 시작 문장을 만들기 어려울 수 있습니다. 이럴 때는 간단히 "I would choose + 선택지"로 시작 문장을 만드세요.

필수 표현 **리뷰**

아래 표현을 영어로 소리 내어 말해보거나 작성해 보고 본문 p.205에서 모범 답안을 확인하세요.

좋은 장소를 임대하다	사업을 유지하다	~라고 불리는	~할 경제적 여유가 있다
폐업하다	대기업	복지 혜택	구직자

Actual Test 5

실전 모의고사 6

Questions 1-2

Q1 인물 소개

Our next performer is Katie Hill. / Today↗, / she will perform a piano concerto / called Shadow of the Swan. / It is simple↗, / quiet↗, / and peaceful↗, / but it is surprisingly intense! / It will be the first time for this music to be played live in this country. / So everyone↗, / please welcome Katie Hill to the stage!

....

다음 연주자는 케이티 힐입니다. 오늘 그녀는 백조의 그림자라는 피아노 협주곡을 연주할 것입니다. 이 곡은 간결하고, 차분하며, 평화롭지만 놀랍게도 강렬합니다! 이 곡이 우리나라에서 연주되는 것은 이번이 처음입니다. 여러분, 케이티 힐을 무대로 맞이해주세요!

강세 / 끊어 읽기 ↗ 올려 읽기

고득점 포인트

• 두 번째 문장에서처럼 열거된 세 단어 모두 콤마가 붙어 있는 경우, 셋 다 각 단어의 끝을 올려서 발음하세요.

• 느낌표가 있는 문장은 전체적으로 더 크게 말해주세요.

• 영어 뿐만 아니라 다른 외국어도 지문에 자주 등장합니다. 너무 고민하지 말고 자신 있게 큰 목소리로 읽어주세요.
  concerto [컨쳐ㄹ-토]

Q2 프로그램 안내

On House Crashers today↗, / we'll be discussing / how to choose paint↗, / carpet↗, / and furniture. / To begin↗, / select a room / and decide what colors would be best for it. / Before you pick out the furniture↗, / you need to choose your paint / and carpet colors. / Be sure to measure the furniture carefully / so that it fits well in the room you're decorating.

오늘 하우스 크래셔스에서는 어떻게 페인트, 카펫, 그리고 가구를 고르는지 논의할 것입니다. 먼저 방을 선택하고 어떤 색이 가장 잘 어울릴지 결정하세요. 가구를 선택하기 전에 페인트와 카펫 색상을 먼저 고르세요. 꾸미는 방에 가구가 잘 맞도록 크기를 정확히 재는 것을 잊지 마세요.

강세 / 끊어 읽기 / 올려 읽기

고득점 포인트

· 대부분의 조동사는 강세를 두지 않고 읽습니다.
· 자신의 답변을 녹음해서 들어보며 긴 문장을 읽을 때, 목소리가 점점 작아지지 않는지 꼭 확인하세요. 마지막 문장에서 decorating의 강세가 measure보다 약하지 않도록 주의하세요.

Questions 3-4

Q3

주요 대상

- 사진 가운데의 남자
- 사진 왼쪽의 사람들
- 사진 배경의 회색 건물과 커다란 나무

장소	I think this picture was taken at a car wash. 이 사진은 세차장에서 찍힌 것 같습니다.
대상 1	In the middle of the picture, a man wearing a red T-shirt is spraying water on a navy truck. 사진의 가운데에, 빨간 티셔츠를 입은 남자가 남색 트럭에 물을 뿌리고 있습니다.
대상 2	On the left side of the picture, it seems like some people are looking into a car. 사진의 왼쪽에, 몇 사람이 차 안을 들여다보는 것처럼 보입니다.
대상 3	In the background of the picture, there is a gray building and a large tree. 사진의 배경에, 회색 건물과 큰 나무가 있습니다. I think the building is under construction. 이 건물은 공사중인 것 같습니다.

어휘 car wash 세차장 spray 물을 뿌리다 look into ~을 들여다 보다 under construction 공사중인

고득점 포인트

자동차 관련 장소 필수 어휘

parking lot	주차장	auto repair shop	자동차 정비소
gas station	주유소	rest area	휴게소
garage	차고	drive-thru	차에서 주문하는 매장

Q4

주요 대상

- 사진 가운데의 두 여자
- 사진 오른쪽의 한 남자
- 사진 왼쪽의 한 여자아이

장소	I think this is a picture of a campsite. 이것은 캠핑장 사진인 것 같습니다.
대상1	In the middle of the picture, a woman is handing a knife to another woman. 사진의 가운데에, 한 여자가 다른 여자에게 칼을 건네주고 있습니다. It seems like she is drinking beer. 그녀는 맥주를 마시는 것 같습니다.
대상2	Behind her, a man is grilling meat. 그녀의 뒤에, 한 남자가 고기를 굽고 있습니다.
대상3	On the left side of the picture, a girl wearing a pink T-shirt is looking at them. 사진의 왼쪽에, 분홍색 티셔츠를 입은 한 여자아이가 그들을 쳐다보고 있습니다.

어휘   campsite 캠핑장   hand ~을 건네다   grill 굽다

고득점 포인트

대상이 무엇인지 분명하지 않으면 대명사 something을 사용하세요.

A woman is handing something to another woman. 한 여자가 다른 여자에게 뭔가를 건네주고 있습니다.

A man is grilling something. 한 남자가 뭔가를 굽고 있습니다.

Questions 5-7

Imagine that a luxury goods magazine is conducting a survey in your area in your country.
You have agreed to participate in a telephone interview about jewelry.

한 명품 제품 잡지가 당신이 사는 지역에서 설문조사를 하고 있다고 가정해 보세요.

당신은 귀금속에 관한 전화 인터뷰에 참여하기로 동의했습니다.

Q5	How often do you wear jewelry, and what kind of jewelry do you like to wear? 당신은 얼마나 자주 귀금속을 착용하며, 어떤 종류의 귀금속을 착용하는 것을 좋아하시나요?
A5	I wear jewelry every day, and I like to wear a necklace and earrings. 저는 매일 귀금속을 착용하며 목걸이와 귀걸이를 착용하는 것을 좋아합니다.
Q6	If you were to buy new jewelry, would you buy something that you can wear on a daily basis or for special occasions? 새 귀금속을 산다면, 일상적으로 착용할 수 있는 것과 특별한 경우에 착용할 수 있는 것 중 어느 것을 사겠습니까?
A6	I would buy something that I can wear on a daily basis. It's because I wear jewerly almost every day. 저는 일상적으로 착용할 수 있는 것을 사겠습니다. 왜냐하면 저는 거의 매일 귀금속을 착용하기 때문입니다.
Q7	Would you ever give jewelry as a gift? Why or why not? 귀금속을 선물할 생각이 있나요? 그 이유는 무엇인가요?

A7	시작	I would give jewelry as a gift. 저는 귀금속을 선물할 생각이 있습니다.	
	이유 1 + 추가 문장	It's because my family likes jewelry. 왜냐하면 우리 가족이 귀금속을 좋아하기 때문입니다.	So, I'm planning to buy a ring for my mother's birthday. 그래서 어머니 생신에 반지를 사드릴 계획입니다.
	이유 2 + 추가 문장	Also, jewelry is a long-lasting gift. 또한, 귀금속은 오래 지속되는 선물입니다.	So, we can keep it for a long time. 그래서 우리는 귀금속을 오래 간직할 수 있습니다.

고득점 포인트

Q5 귀금속의 종류

ring	반지	wedding ring	결혼반지
necklace	목걸이	earrings	귀걸이
watch	손목시계	bracelet	팔찌

Q6 If you were to + 동사원형

현재나 미래의 상황을 가정할 때 If you were to + 동사원형 구문을 사용합니다.

Q7 ever의 역할

ever는 의문문에서 상황에 대한 가능성을 묻는 역할을 합니다. 이 질문에서는 귀금속을 선물로 주는 가능성을 묻는 데 사용되었습니다. 답변 시 ever를 생략할 수 있습니다.

추가 아이디어 연습

Q6 특별한 경우에 착용할 수 있는 귀금속을 사는 이유

I like to wear fancy jewelry on special occasions, such as my birthday.
제 생일 같은 특별한 날에 화려한 보석을 착용하는 것을 좋아합니다.

Q7 '선물할 생각이 없음' 입장의 이유와 추가 문장

이유 1 + 추가 문장	It's because jewelry is usually very expensive. 보통 귀금속은 너무 비쌉니다.	So, it can be a burden to purchase. 그래서 구매하기에 부담이 될 수 있습니다.
이유 2 + 추가 문장	Also, it is inconvenient to buy jewelry. 또한, 귀금속은 구매하기가 불편합니다.	We need to go to a famous department store early in the morning to buy beautiful jewelry. 예쁜 귀금속을 사기 위해서는 유명한 백화점에 아침 일찍 가야 합니다.

필수 표현 리뷰

아래 표현을 영어로 소리 내어 말해보거나 작성해 보고 본문 p.205에서 모범 답안을 확인하세요.

일상적으로	오래 지속되는	화려한
특별한 날에	**부담**	**이른 아침에**

Questions 8-10

개인 일정

맥케이 폴라이, LDS 그래픽 스튜디오 수석 디자이너	
2월 21일 금요일 일정	
오전 9:00~10:00	디자인팀과 회의: 새로운 소프트웨어 활용
오전 10:00~11:00	채용 면접 (스펜서 패디스, 인턴직)
오후 12:00~1:00	점심
오후 1:00~2:30	안내 책자 디자인 검토
오후 3:00~4:00 오후 5:00~6:00	고객 회의 • 레스토랑 로고 디자인 (대표, 창스 키친) • 매장 인테리어 디자인 (사장, 와일드플라워 스튜디오)

Hello, this is Mackay. I accidentally left my schedule sheet in the office. Could you please answer some of my questions? You can find the sheet on my desk.

안녕하세요, 저는 맥케이입니다. 제가 실수로 일정표를 사무실에 두고 왔어요. 제 질문에 답변해 주실 수 있나요? 일정표는 제 책상 위에 있습니다.

Q8	What is the first thing on my schedule and what time does it start? 제 첫 번째 일정은 무엇이고, 몇 시에 시작합니까?
A8	You are going to have a meeting with the design team on utilizing new software at 9 A.M. 당신은 오전 9시에 새로운 소프트웨어 활용에 대해 디자인팀과 회의를 할 예정입니다.
Q9	I'd like to review the design for the brochures. Do I have some free time to put that in my schedule? 저는 안내 책자 디자인을 검토하고 싶습니다. 제 일정에 그것을 포함할 여유 시간이 있나요?
A9	Fortunately, you are already scheduled to review the brochure design at 1 P.M. 다행히도, 당신은 이미 오후 1시에 안내 책자 디자인을 검토하기로 일정이 잡혀 있습니다.

Q10	I remember that I have some client meetings. Could you provide me with all the details about them? 일정에 고객 회의가 있던 것으로 기억합니다. 회의에 대한 모든 세부사항을 알려주시겠어요?
A10	There are two scheduled client meetings. First, you have a meeting with the CEO of Chang's Kitchen from 3 to 4 P.M. to discuss the restaurant logo designs. Second, you have another meeting on the store interior designs with the owner of Wildflower Studio at 5 P.M. 두 개의 예정된 고객 회의가 있습니다. 첫째로, 오후 3시부터 4시까지 창스 키친 대표와 레스토랑 로고 디자인을 논의하기 위한 회의가 있습니다. 둘째로, 오후 5시에 와일드플라워 스튜디오의 사장과 매장 인테리어 디자인에 대한 회의가 있습니다.

고득점 포인트

Q8 미래의 일정을 설명할 때 사용되는 시제

- 현재 시제: 확정된 미래 일정을 설명하는 데 사용됩니다.

  You have a staff meeting tomorrow. 당신은 내일 직원 회의가 있습니다.

- be going to 시제: 실현될 가능성이 높은 미래의 일정에 사용됩니다.

  You are going to attend a staff meeting tomorrow. 당신은 내일 직원 회의에 참여할 예정입니다.

Q10 언급하는 대상이 무엇인지 명확하면 정관사 the를 사용하세요.

the restaurant logo designs (고객과 논의 예정이며, 그동안 작업해온 로고 디자인)

추가 연습 문제 (9번)

Q I want to change the time of the staff meeting to 10 A.M. I don't have anything scheduled at 10, right?

직원 회의 시간을 오전 10시로 변경하고 싶습니다. 10시에 다른 일정이 없죠?

A I'm sorry, but you have the wrong information. You are scheduled to interview Spencer Faddis at 10.

죄송하지만, 잘못 알고 계십니다. 당신은 스펜서 패디스를 10시에 인터뷰할 예정이에요.

Question 11

사회적 이슈

Do you agree or disagree with the following statement?

Nowadays, the best way to promote new products is using social media.

Give reasons or examples to support your opinion.

다음의 의견에 동의하시나요, 아니면 반대하시나요?

요즘에 새로운 제품을 홍보하는 가장 좋은 방법은 소셜 미디어를 이용하는 것이다.

당신의 의견을 뒷받침하기 위한 이유나 예시를 제시하세요.

답변 아이디어 만들기

아래 예시를 참고해서 답변 아이디어를 완성해 보세요.

입장	동의		이유	저렴한 비용에 홍보할 수 있음 구체적으로 말하면, 기존 미디어에 광고하는 것보다 훨씬 저렴함
과거/현재 비교 예시		도입	기업이 활용해 온 기존의 광고 매체 설명	
		전개	그로 인한 비용상의 문제점 설명	
		전환	소셜 미디어를 활용한 현재의 홍보 방식 설명	
		결과	그로 인한 긍정적인 변화	

만점 답변

시작		I agree that nowadays, the best way to promote new products is using social media. 요즘에 새로운 제품을 홍보하는 가장 좋은 방법은 소셜 미디어를 이용하는 것이라는 데 동의합니다.
이유		Most of all, we can promote at a low cost. 무엇보다도, 저렴한 비용에 홍보할 수 있습니다. Specifically, it is much cheaper than advertising through traditional media. 구체적으로 말하면, 기존 미디어를 통해 광고하는 것보다 훨씬 저렴합니다.
과거/현재 비교 예시	도입	In the past, most companies usually advertised new products through newspapers or TV. 과거에는 대부분의 기업들이 신문이나 TV를 통해서 신제품을 광고했습니다.
	전개	So, they had to spend a lot of money on marketing. 그래서 마케팅에 많은 돈을 써야 했습니다.
	전환	However, many companies now promote new products on social media. 하지만 많은 기업들이 오늘날 소셜 미디어에서 신제품을 홍보합니다.
	결과	As a result, they can reduce their marketing costs significantly. 그 결과, 그들은 마케팅 비용을 상당히 줄일 수 있습니다.

제시된 아이디어를 이용해서 다시 한번 답변해 보세요.

입장	동의		이유	소셜 미디어의 사용자가 빠르게 늘어나고 있음 그래서 소셜 미디어를 통해 더 효과적으로 광고할 수 있음
과거/현재 비교 예시		도입		과거에 사람들이 주로 광고를 접한 매체 소개
		전개		그러한 매체들의 오늘날 문제점
		전환		늘어나는 소셜 미디어 사용자 수 설명
		결과		그로 인한 광고 방식의 변화 설명

이유		Most of all, the number of people using social media is increasing rapidly. 무엇보다도, 소셜 미디어를 사용하는 사람들의 수가 급속히 증가하고 있습니다. So, companies can advertise new products more effectively. 그래서 기업들은 신제품을 더 효과적으로 광고할 수 있습니다.
과거/현재 비교 예시	도입	In the past, people usually saw advertisements on TV or in newspapers. 과거에는 사람들이 주로 TV나 신문에서 광고를 보았습니다.
	전개	However, these days, people don't use TV or newspapers much. 그런데 요즘에는 사람들이 TV나 신문을 많이 이용하지 않습니다.
	전환	On the other hand, more and more people are using social media. 반면에, 점점 더 많은 사람들이 소셜 미디어를 사용합니다.
	결과	As a result, nowadays, many companies promote new products on social media. 그 결과, 많은 기업들이 소셜 미디어에 신제품을 홍보하고 있습니다.

고수의 영작 기술 – 유용한 구문 두 가지

• The number of people v-ing + is increasing / decreasing ~하는 사람들의 수가 늘어나고/줄어들고 있습니다.
　　　　　　　주어　　　　　　분사　　　　　　동사구

The number of people smoking is decreasing. 흡연하는 사람들의 수가 줄어들고 있습니다.

• More and more people are + v-ing 점점 더 많은 사람들이 ~을 합니다
　　　　　　　주어　　　　동사구

More and more people are driving electric cars. 점점 더 많은 사람들이 전기차를 운전합니다.

Questions 1-2

Q1 프로그램 안내

Welcome **to the** Phillip Island wildlife **tour**↗, / where education **meets** adventure! / As you might be aware↗, / we've experienced a particularly rainy summer. / For your safety↗, / it's important / that you read the travel guide carefully. / While we've done our best to maintain the trail↗, / be sure to watch your step↗, / stick with the group↗, / and follow all instructions.

교육과 모험이 만나는 필립 아일랜드 야생동물 투어에 오신 것을 환영합니다! 아시다시피, 올여름은 특히 비가 많이 왔습니다. 여러분의 안전을 위해 여행 가이드를 꼼꼼히 읽는 것이 중요합니다. 길을 잘 보수하려고 최선을 다했지만, 발 밑을 조심하시고, 그룹과 함께 뭉쳐 다니며, 모든 지시에 따라 주시기 바랍니다.

강세 / **끊어 읽기** / ↗ **올려 읽기**

고득점 포인트

세 항목으로 나열된 문장의 첫 단어가 동사로 시작하는 경우, 동사에 강세를 두어 읽어주세요.

Please watch your step↗, stay with the group↗, and listen closely to the instructions.

Q2 광고

At Lauren's Coffee Shop↗, / we offer a wide selection of coffees↗, / teas↗, / and desserts. / For your convenience↗, / we now provide faster wireless Internet. / We were also selected / as the best café in the downtown area / by *Barista Magazine Online*. / If you'd like to enjoy the finest Colombian coffee in the city↗, / visit Lauren's today.

로렌 커피숍에서는 다양한 커피, 차, 그리고 디저트를 제공합니다. 고객님의 편의를 위해 이제 더 빠른 무선 인터넷을 제공합니다. 또한, 저희는 바리스타 매거진 온라인에서 시내 최고의 카페로 선정되었습니다. 도시에서 최고의 콜롬비아 커피를 즐기고 싶다면, 오늘 로렌 커피숍을 방문하세요.

강세 / 끊어 읽기 / 올려 읽기

고득점 포인트

- 다음 단어의 강세 위치에 유의하세요.

  selection, convenience, provide, barista, magazine, Colombian

- coffee의 'f'발음에 주의하세요. 'f'를 'p'로 잘못 발음하면 copy로 들릴 수 있습니다.

- 비교급과 최상급에 강세를 두어 읽어주세요.

  faster, best

Questions 3-4

Q3

주요 대상

- 사진 왼쪽의 남자
- 사진 가운데의 여자
- 사진 앞쪽의 많은 사람들
- 그 중 휴대폰을 사용하는 여자

장소	I think this picture was taken in a seminar room. 이 사진은 세미나실에서 찍힌 것 같습니다.
대상1	On the left side of the picture, a man is giving a presentation on business analysis. 사진의 왼쪽에, 한 남자가 비즈니스 분석에 관한 발표를 하고 있습니다.
대상2	In the middle, an assistant is sitting at a desk. 사진의 가운데에, 한 보조사원이 책상에 앉아 있습니다.
대상3	At the bottom, a group of people is listening to the presentation. 사진의 아래쪽에, 한 무리의 사람들이 발표를 듣고 있습니다.
대상4	Among them, a woman wearing a black jacket is looking at her smartphone. 그들 중 검은 재킷을 입은 한 여자가 스마트폰을 보고 있습니다.

어휘 analysis 분석 a group of people (공통점이 있는) 한 무리의 사람들

고득점 포인트

• 장소를 설명할 때 주의할 점

　　　　　　장소명사
On the left side of the picture, a man is giving a presentation on business analysis.
　　　장소 전치사구　　　　　　　　　　　　　주절 (완전한 문장)

① 장소 명사에 강세를 두세요.

② 장소 전치사구는 천천히 발음하세요. 문장 전체를 일정한 리듬으로 말하는 것이 중요합니다.

③ 평소에 답변 시간이 부족하면 장소 전치사구에서 of the picture를 생략할 수 있습니다. 단, 처음 묘사하는 대상에서는 생략하지 않는 것이 좋습니다.

Q4

주요 대상

- 사진 오른쪽의 두 사람
- 사진 왼쪽의 한 여자
- 벽에 걸려있는 그림

장소	I think this is a picture of an office. 이것은 사무실 사진인 것 같습니다.
대상 1	On the right side of the picture, two people are sitting at a table. 사진의 오른쪽에, 두 명이 테이블에 앉아 있습니다. It seems like the man on the right is explaining something. 그 중 오른쪽에 있는 남자가 뭔가를 설명하는 것 같습니다.
대상 2	On the left side of the picture, a woman is typing on a laptop computer. 사진의 왼쪽에, 한 여자가 노트북에 타이핑을 하고 있습니다.
대상 3	Next to her, a painting is hanging on the wall. 그녀의 옆에, 그림이 벽에 걸려 있습니다.

어휘 painting 그림 hang 걸리다, 걸다

고득점 포인트

- 동사 sit과 함께 사용되는 전치사

sit	in	a chair 등받이가 있는 의자
	on	a sofa 소파 a bench 벤치 a stool 등받이가 없는 높은 의자 the floor 바닥
	at	a table 테이블 a desk 책상

- 동사 hang의 활용

The painting is hung on the wall. (누군가 그림을 걸었다는 사실을 강조)
　　　　　수동태

The painting is hanging on the wall. (그림이 걸려있는 현재의 상태를 강조)
　　　　　현재진행형

Questions 5-7

Imagine that an electronics marketing company is conducting a survey in your country. You have agreed to participate in a telephone interview about smartphones.

한 전자 제품 마케팅 회사가 당신의 나라에서 설문 조사를 진행하고 있다고 가정해보세요.
당신은 스마트폰에 관한 전화 인터뷰에 참여하기로 동의했습니다.

Q5	How often do you change your smartphone, and where do you usually buy it? 스마트폰을 얼마나 자주 바꾸시고, 주로 어디서 구매하시나요?
A5	I change my smartphone once every two years, and I usually buy it from an online smartphone store. 저는 2년에 한 번씩 스마트폰을 바꾸고, 주로 온라인 스마트폰 매장에서 구입합니다.
Q6	Do you recommend buying a used smartphone? Why or why not? 중고 스마트폰을 사는 것을 추천하시나요? 그 이유는 무엇인가요?
A6	I don't recommend buying a used smartphone. It's because the batteries of used smartphones run out quickly. 저는 중고 휴대폰을 사는 것을 추천하지 않습니다. 왜냐하면 중고 스마트폰의 배터리가 빨리 소모되기 때문입니다.
Q7	When buying a new mobile phone, what are the factors you consider important? 새 휴대폰을 구입할 때, 어떤 요소들이 중요하다고 생각하나요?

A7	시작	There are some factors I consider important. 제가 중요하게 생각하는 요소들이 몇 가지 있습니다.	
	의견1 + 추가 문장	First, I prefer smartphones with a large screen. 첫 번째로, 저는 화면이 큰 스마트폰을 선호합니다.	It's because I read e-books on my phone. 왜냐하면 저는 스마트폰으로 전자책을 읽기 때문입니다.
	의견2 + 추가 문장	Second, I drop my smartphone often. 두 번째로, 저는 스마트폰을 자주 떨어뜨립니다.	So, I need a durable phone. 그래서 저는 내구성이 있는 스마트폰이 필요합니다.

Q5 전자 제품 및 다양한 일상용품의 구매 장소

discount store	할인 매장	department store	백화점
big-box store	창고형 대형 매장	shopping mall	쇼핑몰
online store	온라인 매장	online platform	온라인 플랫폼

Q7 선택형 VS 비선택형

7번 문제는 주어진 선택지들 중 하나를 선택하는 선택형 혹은 선택지가 주어지지 않는 비선택형 유형으로 나뉩니다.

각 유형의 특징을 확인하세요. 두 번째 이유나 의견을 제시하기 전에 추가 문장을 덧붙일 수 있습니다.

유형 \ 구성	시작 문장	답변 방식	답변 기본 구성
선택형	중요함	선택에 대한 이유 설명	이유 1 (It's because) → 이유 2 (Also,)
비선택형	생략 가능	주제에 대한 의견 설명	의견 1 (First,) → 의견 2 (Second,)

Q6 중고 스마트폰을 구매하는 이유

• I can buy the latest smartphone at a low price. 최신 스마트폰을 저렴한 가격에 구매할 수 있습니다.

Q7 추가 아이디어

의견 1 + 추가 문장	First, a smartphone should be light. 첫 번째로, 스마트폰이 가벼워야 합니다.	It's because I always carry it with me. 왜냐하면 저는 항상 그것을 가지고 다니기 때문입니다.
의견 2 + 추가 문장	Second, the brand of the smartphone is important too. 두 번째로, 스마트폰의 브랜드 또한 중요합니다.	I think well-known brands provide convenient customer service. 저는 잘 알려진 브랜드들이 편리한 고객 서비스를 제공한다고 생각합니다.

아래 표현을 영어로 소리 내어 말해보거나 작성해 보고 본문 p.205에서 모범 답안을 확인하세요.

2년에 한 번	내구성이 있는, 튼튼한	가지고 다니다	잘 알려진 브랜드

Questions 8-10

면접 일정

해밀턴 패션
인사부 면접 일정
화요일, 1월 23일

시간	이름	희망 직무
오전 9:00	아이다 반스	고객 서비스 담당자
오전 9:30	래들리 포스터	그래픽 아티스트 인턴
오전 10:00	바바라 그레이	여성 모델
오전 11:30	팔머 탐슨	**남성 모델** 취소됨
오후 2:00	팸 콜린스	상품 기획자
오후 3:00	에드워드 밀러	품질 관리 담당자
오후 3:30	케일리 그린	패턴 제작자 인턴

Hello, this is Kane Moosman, the department manager of Human Resources. I'll be conducting a job interview soon, but I can't find the interview schedule. Could I ask you a few questions about it?

안녕하세요, 저는 인사부 부장 케인 무스맨입니다. 제가 곧 채용 면접을 진행할 예정인데, 면접 일정표를 찾을 수가 없습니다. 이와 관련해 몇 가지 질문을 드려도 될까요?

Q8	What is the date for the interviews, and what time does the first interview start? 면접 날짜는 며칠이고, 첫 번째 면접은 몇 시에 시작하나요?
A8	The interviews will be held on Tuesday, January 23rd, and the first interview starts at 9 A.M. 면접은 1월 23일 화요일에 있을 예정이며, 첫 번째 면접은 오전 9시에 시작합니다.
Q9	I understand that we'll be interviewing two candidates for the model positions. Is that right? 모델직을 위해 두 명의 후보자를 면접 볼 예정으로 알고 있습니다. 맞나요?
A9	I'm sorry, but the interview with Palmer Thompson has been canceled. So, there is only one interview left. 죄송하지만, 팔머 탐슨과의 면접이 취소되었습니다. 그래서 남은 면접은 하나뿐입니다.

Q10	I know we're interviewing for internships. Can you give me all the details of the interviews scheduled for these intern positions? 우리가 인턴십을 위해 면접을 진행하는 걸로 알고 있습니다. 인턴 면접에 대한 모든 세부사항을 알려줄 수 있나요?
A10	There are two scheduled interviews. First, there will be an interview with Radley Foster for the graphic artist intern position at 9:30 A.M. Second, you will interview Kaley Green, who is applying for the pattern maker intern position at 3:30 P.M. 두 개의 면접이 예정되어 있습니다. 먼저, 오전 9시 30분에 그래픽 아티스트 인턴직에 지원한 래들리 포스터와의 면접이 있습니다. 두 번째로, 오후 3시 30분에 패턴 제작자 인턴직에 지원한 케일리 그린을 면접 볼 예정입니다.

고득점 포인트

Q8 면접 일정의 8번 문제에서는 면접 날짜, 장소, 첫 면접 시간 중 두 가지를 묻는 경우가 많습니다.

Q9 '남은'이라는 의미의 left는 동사 leave의 과거분사로, 명사 interview를 뒤에서 꾸며줍니다.

there is only one interview + left. 남은 면접은 하나뿐입니다.
　　　　　　　　　　　명사　　　과거분사

다음의 답변도 가능합니다.
I'm sorry, but you have the wrong information. One of the interviews has been canceled.
죄송합니다만, 잘못 알고 계십니다. 면접 중 하나가 취소되었어요.

Q10

• 직무 앞에는 the를, 뒤에는 position을 붙여주세요.
• 답변이 힘들거나 시간이 부족하면, 마지막 문장의 who is applying을 생략하세요.

추가 연습 문제 (9번)

Q Because of my lunch meeting, I'm afraid I can't participate in the interview scheduled at 11:30. Is it possible to postpone the interview?
점심 약속 때문에, 11시 30분에 예정된 면접에 참여하지 못할 것 같습니다. 면접을 미룰 수 있을까요?

A Fortunately, that interview has been canceled. So, don't worry about it.
다행히도, 그 면접은 취소되었습니다. 그러니 걱정하지 마세요.

Question 11

교육 관련

Do you agree or disagree with the following statement?

High schools in your area should include more physical education classes in the curriculum.

Give reasons or examples to support your opinion.

다음의 의견에 동의하시나요, 아니면 반대하시나요?

당신이 사는 지역의 고등학교는 교과 과정에 더 많은 체육 수업을 포함시켜야 한다.

당신의 의견을 뒷받침하기 위한 이유나 예시를 제시하세요.

답변 아이디어 만들기

아래 예시를 참고해서 답변 아이디어를 완성해 보세요.

입장	동의		이유	학업 스트레스를 해소하는 데 도움이 됨 그래서 공부에 다시 집중할 수 있음
긍정적 예시	도입			공부로 인한 고등학교 시절의 스트레스 설명
	전개			체육 수업을 통한 스트레스 해소 경험
	결과			그로 인한 긍정적인 결과

만점 답변

시작		I agree that high schools in my area should include more physical education classes in the curriculum. 저는 우리 지역의 고등학교가 교과 과정에 더 많은 체육 수업을 포함시켜야 한다는 데 동의합니다.
이유		Most of all, it is helpful for students to relieve stress from studying. 무엇보다도, 학생들이 공부로 인한 스트레스를 해소하는 데 도움이 됩니다. So, they can focus on studying again. 그래서 그들은 다시 공부에 집중할 수 있습니다.
긍정적 예시	도입	When I was a high school student, I was under a lot of stress because I usually studied for over 12 hours a day. 제가 고등학생이었을 때, 저는 보통 하루에 12시간 넘게 공부했기 때문에 많은 스트레스를 받았습니다.
	전개	However, I could relieve my stress while playing various team sports during physical education classes. 그런데 체육 수업 시간에 다양한 팀 스포츠를 하면서 스트레스를 해소할 수 있었습니다.
	결과	As a result, I was able to refresh myself and concentrate on studying again. 그 결과, 저는 기분 전환을 하고 다시 공부에 집중할 수 있었습니다.

제시된 아이디어를 이용해서 다시 한번 답변해 보세요.

입장	동의		이유	학교에서 많은 친구를 사귈 수 있음 구체적으로 말하면, 체육 수업을 통해 다른 학생들과 어울릴 수 있음
긍정적 예시		도입		체육 수업이 많았던 고등학교 시절 소개
		전개		체육 시간에 친구들과 함께 한 활동 설명
		결과		그로 인한 긍정적인 결과

이유		Most of all, students can make many friends. 무엇보다도, 학생들이 많은 친구를 사귈 수 있습니다. Specifically, they can get along with other students through physical education classes. 구체적으로 말하면, 그들은 체육 수업을 통해 다른 학생들과 어울릴 수 있습니다.
긍정적 예시	도입	When I was a high school student, my school had many physical education classes. 제가 고등학생이었을 때, 우리 학교에는 체육 수업이 많았습니다.
	전개	During class, we played many kinds of team sports together. 수업 중에 우리는 함께 다양한 종류의 팀 스포츠를 했습니다.
	결과	So, I was able to get close to my classmates quickly. 그래서 저는 반 친구들과 금방 친해질 수 있었습니다.

· 고수의 영작 기술 – to부정사의 의미상의 주어

Most of all, it is helpful for students to relieve stress from studying.
의미상의 주어   to부정사 구문

students는 to부정사 구문의 의미상의 주어로, '누가 스트레스를 해소하는지'를 설명하며, 이를 통해 문장의 의미를 더 명확하게 합니다.

아래 표현을 영어로 소리 내어 말해보거나 작성해 보고 본문 p.205에서 모범 답안을 확인하세요.

공부로 인한 스트레스를 해소하다	많은 스트레스를 받다	많은 친구를 사귀다

Questions 1-2

Q1 뉴스

In today's local news↗, / Nova Electronics announced the opening of a new manufacturing plant / in Cannon Hill. / Due to steady growth in Nova's sales↗, / the company plans to increase production / to meet the demand. / The new plant is expected to benefit our country / by creating jobs↗, / boosting tax revenue↗, / and attracting additional businesses to the area.

오늘 지역 뉴스에서 노바 전자가 캐넌 힐에 새로운 제조 공장을 열 것이라고 발표했습니다. 노바 전자의 매출이 꾸준히 증가함에 따라, 회사는 수요를 충족시키기 위해 생산을 늘릴 계획입니다. 새로운 공장은 일자리를 창출하고, 세수를 높이며, 추가적인 사업을 지역에 유치함으로써 우리 나라에 도움이 될 것으로 예상됩니다.

강세 / 끊어 읽기 / 올려 읽기

고득점 포인트

• 답변을 녹음해서 들어보며 자신의 말투, 목소리 크기 및 답변 속도가 뉴스 진행자로 어울렸을 지 확인해보세요.

• 아래 단어의 발음에 주의하세요.

electronics: 세 번째 음절을 '트로'가 아니라 '트롸'로 발음

meet: 모음을 길게 발음

benefit: 두 번째 음절을 '네'가 아니라 '너'로 발음

businesses: s소리를 두 번 발음

Q2 자동응답 메시지

Thank you for calling Foxtel TV Network. / Due to a high volume of calls↗, / we are currently unable to assist you. / If you stay on the line↗, / a customer service representative / will be with you shortly. / For questions about premium channels↗, / membership information↗, / or our refund policy↗, / please visit our website.

폭스텔 TV 네트워크에 전화해 주셔서 감사합니다. 현재 통화량이 많아 도움을 드리기 어렵습니다. 잠시만 기다려 주시면 곧 고객 서비스 담당자가 연결될 것입니다. 프리미엄 채널, 멤버십 정보, 또는 환불 정책에 대한 문의사항이 있으시면 저희 웹사이트를 방문해 주세요.

강세 / 끊어 읽기 / 올려 읽기

Actual Test 8

고득점 포인트

• 열거된 세 개의 명사나 형용사 모두에 콤마가 오는 경우, 셋 다 마지막 단어의 끝 음을 올려 읽어주세요.

For questions about premium channels↗, membership information↗, or our refund policy↗,

• 부정적 의미를 갖는 형용사와 부사에 강세를 두세요. 자주 출제되는 어휘는 아래와 같습니다.

형용사: unable (~할 수 없는), unhealthy (건강하지 않은), uncomfortable (신체적·심리적으로 불편한), inconvenient (편리하지 않은)

부사: never (결코 ~하지 않는), hardly (거의 ~하지 않는), rarely (드물게), unfortunately (안타깝게도)

실전 모의고사 8 125

Questions 3-4

Q3

주요 대상

- 사진 왼쪽의 남자
- 사진 오른쪽의 여자
- 개인적 의견 혹은 사진 배경의 매장

장소	I think this picture was taken in front of a café or bakery. 이 사진은 카페나 빵집 앞에서 찍힌 것 같습니다.
대상1	On the left side of the picture, a man wearing a gray apron is putting up a small sign by the road. 사진의 왼쪽에, 회색 앞치마를 두른 한 남자가 길가에 작은 간판을 세우고 있습니다.
대상 2	On the right side of the picture, a woman is watering plants with a yellow watering can. She has short brown hair. 사진의 오른쪽에, 한 여자가 노란 물뿌리개로 식물에 물을 주고 있습니다. 그녀는 짧은 갈색머리를 하고 있습니다.
의견	It seems like they are getting ready to open the café. 그들은 카페를 열 준비를 하고 있는 것 같습니다.

어휘 put up 세우다, 설치하다 sign 간판, 표지판 watering can 물뿌리개 get ready ~을 준비하다

고득점 포인트

- 장소가 확실하지 않을 때, 접속사 or를 사용하여 가능한 장소를 설명해 주세요.
  I think this picture was taken in a park or square. 이 사진은 공원이나 광장에서 찍힌 것 같습니다.
- 전치사 with는 '~을 이용해서'라는 의미이며, 분사 using으로 변경할 수 있습니다.
  A woman is watering plants with(=using) a yellow watering can.

Q4

주요 대상

- 사진 가운데의 나무들
- 사진 오른쪽의 사람들
- 사진 아래쪽의 스쿠터
- 사진 왼쪽의 요트

장소	I think this picture was taken at a waterfront. 이 사진은 해안가에서 찍힌 것 같습니다.
대상 1	In the middle of the picture, there are many palm trees along the road. 사진의 가운데에, 길을 따라 많은 야자수들이 있습니다.
대상 2	On the right side of the picture, some people are walking on the street. 사진의 오른쪽에, 몇 명의 사람들이 길을 걷고 있습니다.
대상 3	And two scooters are parked at the bottom of the picture. 그리고 두 대의 스쿠터가 사진의 앞쪽에 주차되어 있습니다.
대상 4	On the left side of the picture, a few yachts are docked. 사진의 왼쪽에, 요트 몇 대가 정박해 있습니다.

어휘 waterfront 해안가, 물가 palm tree 야자수 scooter 스쿠터 a few 몇 개의 yacht 요트

고득점 포인트

- scooter(스쿠터)와 motorcycle(오토바이)을 구분해주세요. motorcycle은 scooter보다 크기가 더 크며, 장거리나 고속 주행에 더 적합합니다.

- 물과 관련된 장소 필수 어휘

at a lakeside	호숫가에서	on the beach	모래사장에서
at a riverside	강가에서	at a waterfront	해안가, 물가에서

Questions 5-7

Imagine that a tourist company in Britain is doing research in your area.
You have agreed to participate in a telephone interview about zoos.
영국의 한 관광 회사가 당신이 사는 지역에서 설문조사를 하고 있다고 가정해 보세요.
당신은 동물원에 대한 전화 인터뷰에 참여하기로 동의하였습니다.

Q5	When was the last time you went to a zoo, and what was the most memorable animal you saw? 마지막으로 동물원에 간 것이 언제이며, 가장 기억에 남는 동물은 무엇이었나요?	
A5	The last time I went to a zoo was last year, and the most memorable animal I saw was an elephant. 마지막으로 동물원에 간 것은 작년이며, 가장 기억에 남는 동물은 코끼리입니다.	
Q6	Other than a camera, what do you usually bring when you go to the zoo? 카메라를 제외하고, 동물원에 갈 때 보통 무엇을 가지고 가나요?	
A6	I usually bring a water bottle because I need to walk outdoors for a long time. 저는 밖에서 오래 걸어야 하기 때문에 보통 물병을 가지고 갑니다.	
Q7	Are you willing to recommend the zoo in your area to tourists from other regions? Why or why not? 당신이 살고 있는 지역의 동물원을 다른 지역에서 온 관광객들에게 추천할 의향이 있나요? 그 이유는 무엇인가요?	
A7	시작	I'm willing to recommend it. 저는 추천할 의향이 있습니다.	
	이유 1 + 추가 문장	It's because there are many unique animals. 왜냐하면 그곳에는 독특한 동물들이 많기 때문입니다.	For example, they have pandas and white tigers. 예를 들어, 그곳에는 팬더와 백호가 있습니다.
	이유 2 + 추가 문장	Also, the zoo offers various hands-on activities for families. 또한, 그 동물원은 가족을 위한 다양한 체험형 활동을 제공합니다.	So, it is a good place to visit with children. 그래서 아이들과 함께 방문하기 좋은 장소입니다.

Q5 관계대명사 that

다음 문장에서는 명사 time과 animal 뒤에 해당 명사를 추가로 설명하는 관계대명사절이 있습니다. 이때, 관계대명사 뒤에 주어와 동사가 포함된 완전한 문장이 오는 경우, 관계대명사를 생략할 수 있습니다.

명사	관계대명사절	동사		명사	관계대명사절

The last time (that) I went to a zoo was last year, and the most memorable animal (that) I saw

② 마지막 때   ① 내가 동물원에 간   ③ 는   ② 가장 기억에 남는 동물   ① 내가 본

동사

was an elephant.

③ 은

Q6 간식거리(snacks)를 가져가는 이유

It's because we might get hungry while walking around the zoo.

우리가 동물원을 돌아다니는 동안 배가 고플 수 있기 때문입니다.

Q7 '추천하지 않음' 입장의 이유와 추가문장

이유1 + 추가 문장	It's because there are not many kinds of animals. 왜냐하면 그곳에는 동물의 종류가 많지 않기 때문입니다.	So, they can get bored quickly. 그래서 그들은 빨리 지루해질 수 있습니다.
이유2 + 추가 문장	Also, there are not enough facilities like rest areas or caféterias. 또한, 휴게실이나 식당 같은 편의시설이 부족합니다.	So, it's inconvenient to stay there for a long time. 그래서 그곳에 오래 머무르기 불편합니다.

아래 표현을 영어로 소리 내어 말해보거나 작성해 보고 본문 p.206에서 모범 답안을 확인하세요.

독특한, 특별한	체험형 활동	배가 고파지다
돌아다니다	지루해지다	휴게실

Questions 8-10

프로그램 일정

블루 마운틴 국립 공원

공원 관리원 직무교육 프로그램

2월 11일 화요일, 오전 10시 ~ 오후 4시

오전 10:00	환영사
오전 10:15	퀴즈: 블루 마운틴 국립공원의 역사
오전 10:45	워크숍: 비상 사태에 대처하기 (트로이 호킨스)
오전 11:30	캠프장 투어
오후 12:30	점심식사: 직원 휴게실 (점심 제공)
오후 1:30	강의: 관광객들과 소통하기 (릭 올리버)
오후 2:30	비디오 감상: 공원 이용수칙 및 규정
오후 3:15	워크숍: 날씨 변화에 대응하기 (트레이시 보웬)

Hello, this is Melissa Taylor from the recruitment team. I'm calling with a few questions about the rangers training session scheduled next week. Could you answer some of my questions?

안녕하세요, 저는 채용팀의 멜리사 테일러입니다. 다음 주에 예정된 공원 관리원 직무교육 프로그램에 대해 몇 가지 질문이 있어 연락 드렸습니다. 제 질문에 답변해 주실 수 있나요?

Q8	We always give a good lecture during training. Who will be giving the lecture this time, and what topic will it cover? 우리는 교육 중에 항상 훌륭한 강의를 제공합니다. 이번에는 누가 강의를 할 것이며, 어떤 주제를 다룰 예정인가요?
A8	Rick Oliver will give a lecture on "Interacting with Tourists" at 1:30 P.M. 릭 올리버가 오후 1시 30분에 "관광객들과 소통하기"에 대한 강의를 할 것입니다.
Q9	Some participants might have to leave at 4 P.M. for a meeting with another department. Which sessions will they miss? 일부 참가자들은 오후 4시에 다른 부서와의 회의 때문에 먼저 떠나야 할 수도 있습니다. 그들은 어떤 세션을 놓치게 되나요?
A9	Fortunately, they will not miss anything. The training will finish at 4 P.M. 다행히도, 그들은 아무것도 놓치지 않습니다. 교육은 오후 4시에 끝날 예정입니다.

Q10	**Can you provide me with all the details of workshops included in the training?** 교육과정에 포함된 워크숍의 모든 세부 사항을 알려주시겠어요?
A10	There are two scheduled workshops. First, Troy Hawkins will lead a workshop on "Dealing with Emergencies" at 10:45 A.M. Second, another workshop on "Responding to Weather Changes" will be conducted by Tracy Bowen at 3:15 P.M. 두 개의 워크숍이 예정되어 있습니다. 먼저, 트로이 호킨스가 오전 10시 45분에 "비상 사태에 대처하기"에 관한 워크숍을 진행할 것입니다. 둘째로, "날씨 변화에 대응하기"에 관한 또 다른 워크숍이 트레이시 보웬에 의해 오후 3시 15분에 진행될 것입니다.

고득점 포인트

Q8   8번에서는 시간과 장소를 함께 묻는 문제가 자주 출제됩니다. 하지만 표에서 둘 중 한가지 정보만 제시된 경우, 완전히 다른 주제에 대해 질문할 가능성이 높습니다.

Q9   지각이나 조퇴로 인해 무엇을 놓치는지 묻는 유형이며, 대부분의 경우, 일정이 먼저 끝나거나 도착 예정 시간 이후에 시작하기 때문에 놓치는 세션이 없습니다. 답변 시 아래 문장을 먼저 말한 뒤, 놓치는 세션이 없는 이유를 설명하세요.
Fortunately, they will not miss anything. + 놓치는 세션이 없는 이유

추가 연습 문제 (9번)

Q   Some participants might join the training at 9:30 A.M. because they have a meeting with the human resources manager. If so, which sessions will they miss?
일부 참가자들은 인사부장과의 회의가 있어서 오전 9시 30분부터 교육에 참여할 수도 있습니다. 그렇다면 그들은 어떤 세션을 놓치게 되나요?

A   Fortunately, they will not miss anything. The training will start at 10 A.M.
다행히도, 그들은 아무것도 놓치지 않습니다. 교육은 오전 10시에 시작할 예정입니다.

Question 11

직장 생활

If you were in charge of hiring new employees at work, which of the following would you consider most important from them?

Choose one of the options below and give reasons or examples to support your opinion.

• Interpersonal skills • Educational background • Internship experience

당신이 신입 사원 채용 담당자라면, 다음 중 어떤 요소를 직원 채용에 가장 중요하게 고려하겠습니까?

아래의 선택지 중 하나를 고른 뒤, 당신의 의견을 뒷받침할 이유나 예시를 제시하세요.

• 대인관계 기술 • 학력 • 인턴십 경험

답변 아이디어 만들기

아래 예시를 참고해서 답변 아이디어를 완성해 보세요.

입장	대인관계 기술	이유	우리는 회사에서 다른 사람들과 함께 일해야 함 그래서 대인관계 기술은 직장인에게 필수임
부정적 예시	도입		함께 일하게 된 새로운 직원 소개
	전개		그가 대인관계 기술이 부족함을 보여준 사례 설명
	결과		그로 인한 부정적인 결과

만점 답변

시작		I would consider interpersonal skills most important. 저는 대인관계 기술이 가장 중요하다고 생각합니다.
이유		Most of all, we need to work with other people at work. 무엇보다도, 우리는 직장에서 다른 사람들과 함께 일해야 합니다. So, interpersonal skills are essential for employees. 그래서 대인관계 기술은 직원들에게 필수입니다.
부정적 예시	도입	Last year, our company hired a new employee. 작년에 우리 회사는 새로운 직원을 고용했습니다.
	전개	But she rarely talked in the office. 그런데 그녀는 사무실에서 거의 말을 하지 않았습니다. Also, she usually ate lunch alone in the staff lounge. 또한, 그녀는 직원 휴게실에서 주로 혼자 점심을 먹었습니다.
	결과	As a result, many employees felt uncomfortable working with her. 그 결과, 많은 직원들이 그녀와 함께 일하는 것을 불편해했습니다.

추가 아이디어 **연습**

제시된 아이디어를 이용해서 다시 한번 답변해 보세요.

입장	인턴십 경험		이유	그들을 오래 교육시키지 않아도 됨 그래서 그들은 바로 업무를 시작할 수 있음
긍정적 예시	도입			인턴십 경험이 많은 신입사원이 입사를 함
	전개			신입사원의 능숙한 업무 기술 설명
	결과			그로 인한 긍정적인 결과

이유		Most of all, we don't have to train them for long. 무엇보다도, 우리는 그들을 오래 교육시키지 않아도 됩니다. So, they can start working right away. 그래서 그들은 바로 업무를 시작할 수 있습니다.
긍정적 예시	도입	Last year, our company hired a new employee. 작년에 우리 회사는 새로운 직원을 고용했습니다.
	전개	She had various internship experiences at well-known IT companies. 그녀는 잘 알려진 여러 IT 회사에서 다양한 인턴십 경험이 있었습니다. So, she could use all of the important software. 그래서 그녀는 중요한 소프트웨어를 전부 사용할 수 있었습니다.
	결과	As a result, we didn't have to give her any training. 그 결과, 우리는 그녀에게 어떠한 교육도 제공할 필요가 없었습니다.

고득점 **포인트**

고수의 영작 기술 – 형용사와 분사구문

Many employees felt <u>uncomfortable</u> <u>working with her.</u>
                      feel + 형용사   분사구문

• 형용사 uncomfortable은 앞의 동사 felt와 연결되어 주어가 느낀 감정을 설명합니다.
• working with her는 앞의 형용사 uncomfortable을 수식하는 분사구문으로 주어가 느낀 감정의 원인을 나타냅니다.

필수 표현 **리뷰**

아래 표현을 영어로 소리 내어 말해보거나 작성해 보고 본문 p.206에서 모범 답안을 확인하세요.

필수적인	직원 휴게실	불편함을 느끼다	그들을 교육시키다

MP3 AT9 1-11

Questions 1-2

Q1 프로그램 안내

Welcome, / and thank you for attending today's job fair. / You'll have the chance to speak with representatives from local businesses / that are currently hiring. / If you're interested in any of these companies, / please fill out an application with your name↗, / contact information↗, / and work experience. / Once completed↗, / submit it to the nearest reception desk. / A representative will get in touch with you promptly.

채용 박람회에 참여해 주셔서 감사합니다. 여러분은 현재 채용 중인 지역 기업들의 담당자들과 이야기할 수 있는 기회가 주어집니다. 만약 이들 중 관심있는 기업이 있다면, 성함, 연락처 그리고 경력사항을 포함한 지원서를 작성해 주세요. 작성 후, 가까운 접수처에 제출하시기 바랍니다. 담당자가 곧 연락을 드릴 것입니다.

강세 / 끊어 읽기 ↗ 올려 읽기

고득점 포인트

• 아래 단어의 발음에 주의하세요.

representatives: 세 번째 음절에 강세를 둠

these: 첫 음절을 길게 발음

currently: 두 번째 음절을 '렌'이 아니라 '런'으로 발음

completed, submit: 두 번째 음절에 강세를 둠

promptly: 첫 음절을 '로'가 아니라 '라'로 발음

• 자음과 모음이 만날 때 발생하는 연음에 유의하세요.

work experience: [월킥스]처럼 자음 k와 모음 e가 연결됩니다.

submit it: [미릿]처럼 자음 t와 모음 I가 연결됩니다.

Q2 안내방송

Next stop is our final station. / Remember to collect your jackets↗, / briefcases↗, / or any other personal belongings / before leaving the train. / Also↗, / please be careful of the gap / between the train and the platform. / Passengers traveling towards Lakewood↗, / please remain on the platform / for the next train. / Thank you for using Denver Metro.

다음 역은 종착역입니다. 열차에서 내리기 전에 재킷, 서류가방 또는 다른 개인 소지품을 꼭 챙겨주세요. 또한, 열차와 승강장 사이의 틈을 조심해주시기 바랍니다. 레이크우드 방향으로 가시는 승객분들은 다음 열차를 위해 승강장에서 대기해주시기 바랍니다. 덴버 도시철도를 이용해 주셔서 감사합니다.

강세 / 끊어 읽기 / 올려 읽기

고득점 포인트

• 아래 단어의 발음에 주의하세요.

briefcases: s소리를 두 번 발음

leave: 첫 음절을 길게 발음

passengers, jacket, gap, travel: 첫 음절을 입을 양옆으로 당겨서 발음

Questions 3-4

Q3

주요 대상

- 사진 왼쪽의 두 사람
- 사진 오른쪽의 두 사람
- 그 뒤의 두 사람

장소	**I think this is a picture of an office.** 이것은 사무실 사진인 것 같습니다.
대상1	**On the left side of the picture, two people are looking at a document.** 사진의 왼쪽에, 두 사람이 서류를 쳐다보고 있습니다. **The man wearing a red knit sweater is holding a mug.** 빨간색 니트를 입은 남자가 머그잔을 들고 있습니다.
대상2	**On the right side of the picture, other two people are looking at a laptop screen.** 사진의 오른쪽에, 다른 두 사람이 노트북 화면을 보고 있습니다.
대상3	**Behind them, it seems like two women are talking to each other.** 그들의 뒤에, 두 여자가 서로 대화하는 것처럼 보입니다.

고득점 포인트

- 세 번째 문장은 아래와 같이 변경할 수 있습니다.

  The man on the left is pointing at the document. 왼쪽에 있는 남자는 문서를 가리키고 있습니다.

- 의상 관련 고난도 필수 어휘

checkered shirt	체크무늬 셔츠	patterned shirt	무늬가 그려진 셔츠
working clothes	작업복	exercise clothes	운동복
knit sweater	니트	dress	원피스
lab coat	실험실 가운	padded jacket	패딩 자켓
safety vest	안전 조끼	hijab	머리에 두르는 스카프

Q4

주요 대상

- 사진 왼쪽의 두 여자
- 사진 오른쪽의 버스
- 사진 배경의 건물

장소	I think this picture was taken downtown. 이 사진은 시내에서 찍힌 것 같습니다.
대상1	On the left side of the picture, two women are walking on the sidewalk. 사진의 왼쪽에, 두 여자가 인도를 걸어가고 있습니다.
대상2	It seems like the woman on the left is walking a dog. 왼쪽에 있는 여자가 개를 산책시키는 것 같습니다.
대상3	On the right side of the picture, there is a bus at the bus stop. 사진의 오른쪽에, 버스 한 대가 정류장에 서 있습니다.
대상4	In the background of the picture, I can see many buildings. 사진의 배경에 많은 건물들이 보입니다.

어휘 downtown 시내에서 walk a dog 개를 산책시키다

고득점 포인트

- 네 번째 문장은 아래와 같이 변경할 수 있습니다.

  A bus is stopped at the bus stop to pick up passengers. 버스가 승객을 태우기 위해 정류장에 서 있습니다.

- 동사 walk와 함께 쓰이는 필수 표현

walk down the street	길을 따라 걷다 (직선 경로에 주로 사용)	walk in the park	공원에서 걷다
walk along the river	강을 따라 걷다 (직선, 곡선 경로 및 자연 경계(강, 해안)에 사용)	walk around the market	시장을 돌아다니다

Questions 5-7

Imagine an American music association is doing research in your country.
You have agreed to participate in a telephone interview about music.
미국의 한 음악 협회가 당신의 나라에서 연구를 하고 있다고 가정해 보세요.
당신은 음악에 관한 전화 인터뷰에 참여하기로 동의했습니다.

Q5	How often do you listen to music, and what type of music do you usually listen to? 음악을 얼마나 자주 듣나요? 그리고 주로 어떤 음악을 듣나요?	
A5	I listen to music almost every day, and I usually listen to dance or ballad music. 저는 거의 매일 음악을 듣고, 주로 댄스나 발라드 음악을 듣습니다.	
Q6	Do you use a music application to listen to music? Why? 당신은 음악을 듣기 위해 음악 애플리케이션을 이용하나요? 그 이유는 무엇인가요?	
A6	Yes, I use a music application called YouTube Music. It's because the app recommends suitable music for me. 네, 저는 유튜브 뮤직이라는 음악 애플리케이션을 이용합니다. 왜냐하면 그 앱은 제게 어울리는 음악을 추천해주기 때문입니다.	
Q7	How have your habits of listening to music changed since you were a teenager? 십대 시절 이후로 음악을 듣는 습관이 어떻게 바뀌었나요?	

A7	시작	My habits of listening to music have changed a lot. 저는 음악을 듣는 습관이 많이 바뀌었습니다.	
	의견 1 + 추가 문장	First, I use my smartphone to listen to music. 첫 번째로, 저는 음악을 듣기 위해 스마트폰을 사용합니다.	When I was a teenager, I used an MP3 player to listen to music. 제가 십대였을 때, 음악을 듣기 위해 MP3 플레이어를 사용했습니다.
	의견 2 + 추가 문장	Second, I don't listen to hip-hop music anymore. 두 번째로, 저는 더 이상 힙합 음악을 듣지 않습니다.	I usually listen to quiet music nowadays. 요즘에는 주로 조용한 음악을 듣습니다.

Q5 음악의 종류

K-pop music	한국 대중음악	jazz music	재즈 음악
hip-hop music	힙합 음악	classical music	클래식 음악
dance music	댄스 음악	ballad music	발라드 음악

Q6 과거분사 called

I use a music application called YouTube Music.
　　　　　명사　　　　 과거분사　　　 고유명사

called는 '~라고 불리는'이라는 의미의 과거분사입니다. 앞의 명사 music application을 수식하며 문장 내에서 명사 +
called + 고유명사 구조로 사용됩니다.

Q6 애플리케이션을 이용하는 또 다른 이유

• I can conveniently listen to old music. 저는 편리하게 옛날 음악을 들을 수 있습니다.

Q7 추가 답변 아이디어

의견 + 추가 문장	First, I used to listen to music while studying. 첫 번째로, 저는 공부하면서 음악을 듣곤 했습니다.	However, I stopped doing it because it was distracting. 하지만 그것이 집중을 방해해서 그만두었습니다.

아래 표현을 영어로 소리 내어 말해보거나 작성해 보고 본문 p.206에서 모범 답안을 확인하세요.

나에게 적합한 음악	옛날 음악	과거에 ~하곤 했다

공부를 하는 동안	그만두다	주의를 산만하게 하다

Questions 8-10

강의 시간표

피어슨 교육 센터
하계 온라인 비즈니스 강좌
7월 15일 — 9월 3일

수업	요일	시간
SNS를 활용한 마케팅	매주 월요일	오후 5:00-7:00
온라인 데이터 분석	매주 화요일	오후 7:00-8:30
웹사이트 디자인 및 유지보수	매주 수요일	오후 6:00-7:30
온라인 데이터 보호	매주 목요일	오후 5:30-7:00
중소기업을 위한 온라인 광고	매주 금요일	오후 7:30-9:00

조기 등록: 120달러 (7월 1일 이전 등록)
일반 등록: 145달러 (7월 1일부터)
등록 마감일: 7월 13일

Hi, I'm Sam Hanks. I'd like to learn more computer skills for work, and one of my colleagues recommended your classes. Could you answer a few questions about the curriculum?

안녕하세요, 저는 샘 행크스입니다. 업무용 컴퓨터 스킬을 더 배우고 싶은데, 제 직장동료가 이 수업을 추천했습니다. 교과과정에 대해 몇 가지 질문을 드려도 될까요?

Q8	What date does the course start, and when is the deadline for registration? 수업은 언제 시작하며, 등록 마감일은 언제인가요?	
A8	The course will start on July 15th, and the deadline for registration is July 13th. 수업은 7월 15일에 시작하며, 등록 마감일은 7월 13일입니다.	
Q9	As far as I know, I can learn online data protection on Tuesdays, right? 제가 알기로는, 화요일에 온라인 데이터 보호를 배울 수 있다고 알고 있는데, 맞나요?	
A9	I'm sorry, but you have the wrong information. The class on "Online Data Protection" is scheduled for Thursdays. 죄송하지만, 잘못 알고 계십니다. "온라인 데이터 보호" 수업은 목요일에 예정되어 있습니다.	

Q10	I finish work around 6 P.M. Could you tell me all of the details of the classes that start after 6:30 P.M.?
	저는 오후 6시쯤에 일을 마칩니다. 6시 30분 이후에 시작하는 수업에 대한 세부 정보를 알려주실 수 있나요?
A10	There are two scheduled classes. First, you can take a class on "Online Data Analysis" on Tuesdays from 7 to 8:30. Second, another class on "Online Advertising for Small Businesses" is scheduled for Fridays from 7:30 to 9.
	두 개의 예정된 수업이 있습니다. 먼저, 화요일 7시부터 8시 30분까지 "온라인 데이터 분석" 수업을 수강할 수 있습니다. 둘째로, "중소기업을 위한 온라인 광고"에 관한 또 다른 수업이 금요일 7시 30분부터 9시까지 예정되어 있습니다.

고득점 포인트

Q8 아래의 답변도 가능합니다.

The course starts on July 15th, and you need to register by July 13th.

Q9 요일이나 날짜를 설명할 때는 일반적으로 전치사 on을 사용하지만, 일정이나 계획을 강조할 때는 for를 사용합니다. 따라서 반복되는 일정이나 장기적인 계획을 설명할 때는 scheduled for Thursdays가 더 적합합니다.

Q10 **강의 시간표 필수 표현**

강사의 이름이 포함된 유형	강사의 이름이 포함되지 않은 유형
강사 will teach a class on 과목명 + 시간 (강사)가 (과목명)에 대한 수업을 (시간)에 가르칠 것입니다.	You can take a class on 과목명 + 시간 당신은 (과목명)에 대한 강의를 (시간)에 수강할 수 있습니다.
Another class on 과목명 will be conducted by 강사 + 시간 (과목명)에 대한 또 다른 수업이 (시간)에 (강사)로부터 진행될 것입니다.	Another class on 과목명 is scheduled + 시간 (과목명)에 대한 또 다른 수업이 (시간)에 예정되어 있습니다.

추가 연습 문제 (8번)

Q I know the registration fee is 145 dollars. Is there any chance you offer a discount?
등록비가 145달러인 것으로 알고 있습니다. 혹시 할인 혜택이 있나요?

A Yes. If you register before July 1st, you can get a 25-dollar discount.
네. 7월 1일 이전에 등록하시면, 25달러를 할인 받을 수 있습니다.

実전 모의고사 9 141

Question 11

일상 생활

Do you agree or disagree with the following statement?
Exercising alone is better than learning directly from a professional.
Give reasons or examples to support your opinion.
다음의 의견에 동의하시나요, 아니면 반대하시나요?
혼자 운동하는 것이 전문가로부터 직접 배우는 것보다 더 낫다.
당신의 의견을 뒷받침하기 위한 이유나 예시를 제시하세요.

답변 아이디어 만들기

아래 예시를 참고해서 답변 아이디어를 완성해 보세요.

입장	동의		이유	요즘은 혼자서도 전문적으로 운동할 수 있음 구체적으로 말하면, 온라인에 많은 운동 영상이 있음
긍정적 예시		도입		운동을 가르치는 많은 유튜브 크리에이터 소개
		전개		운동 영상 시청의 장점 설명
		결과		그로 인한 긍정적인 결과

만점 답변

시작		I agree that exercising alone is better than learning directly from a professional. 저는 혼자 운동하는 것이 전문가로부터 직접 배우는 것보다 더 낫다는 데 동의합니다.
이유		Most of all, we can exercise professionally alone these days. 무엇보다도, 우리는 요즘 혼자서도 전문적으로 운동할 수 있습니다. Specifically, there are many exercise videos online. 구체적으로 말하면, 온라인에는 많은 운동 영상이 있습니다.
긍정적 예시	도입	These days, there are many YouTube creators who teach exercises. 요즘에는 운동을 가르치는 유튜브 크리에이터가 많습니다.
	전개	Their YouTube videos are very professional and easy to follow. 그들의 유튜브 영상은 매우 전문적이고 따라하기 쉽습니다. Also, we can watch the videos repeatedly. 또한, 우리는 영상을 반복해서 볼 수 있습니다.
	결과	As a result, we can exercise effectively at home. 그 결과, 우리는 집에서도 효과적으로 운동할 수 있습니다.

제시된 아이디어를 이용해서 다시 한번 답변해 보세요.

입장		반대	이유	운동에 집중하기 어려움 그래서 운동을 금방 그만둘 수 있음
부정적 예시	도입			집에서 혼자 운동을 시작한 배경 설명
	전개			발생한 문제점 설명
	결과			그로 인한 부정적인 결과

이유		Most of all, it is hard to focus on exercising. 무엇보다도, 운동에 집중하기가 어렵습니다. So, we might give up exercising quickly. 그래서 우리는 운동을 금방 그만둘 수 있습니다.
부정적 예시	도입	Last year, I learned yoga at home through YouTube videos. 작년에, 저는 집에서 유튜브 영상을 통해 요가를 배웠습니다.
	전개	But I couldn't focus on exercising easily at home. 하지만 집에서 운동에 쉽게 집중할 수 없었습니다. Also, it was boring to exercise alone. 또한, 혼자서 운동하는 것은 지루했습니다.
	결과	As a result, I stopped doing yoga and sold my yoga equipment. 그 결과, 저는 요가를 그만두고 요가 장비를 팔았습니다.

Actual Test 9

고득점 **포인트**

고수의 영작 기술 – 관계대명사 who

주절 (주가 되는 절)		관계사절

There are many <u>YouTube creators</u> + <u>who</u> + <u>teach</u> exercises.
명사   관계사   동사

• 관계사절은 관계사 앞의 명사를 설명하거나 추가 정보를 제공하는 역할을 합니다. 위 문장에서 관계사 who는 관계사절의 주어 역할을 하며, 관계사절 who teach exercises는 앞에 있는 명사 YouTube creators을 더 자세히 설명합니다.

• IH 150점 이상을 목표로 한다면 관계대명사 who와 that을 꼭 익혀 두세요.

필수 표현 **리뷰**

아래 표현을 영어로 소리 내어 말해보거나 작성해 보고 본문 p.206에서 모범 답안을 확인하세요.

전문적으로	반복적으로	요가를 하는 것을 그만두다

실전 모의고사 10

Questions 1-2

Q1 인물 소개

Thank you for joining us for today's show / with Carrie LeBaron. / She's a famous french chef↗, / a notable actress↗, / and last but not least↗, / a mother of four kids. / Carrie has received numerous awards throughout her careers↗, / and today she'll explain / how she manages to balance these three roles. / Ladies and gentlemen↗, / please join me in welcoming / Carrie LeBaron to the stage!

캐리 르배런과 함께하는 오늘의 쇼에 참여해 주셔서 감사합니다. 그녀는 유명한 프랑스 요리사이자 주목받는 배우이며, 그리고 무엇보다도 네 아이의 엄마입니다. 캐리는 그녀의 경력 동안 수많은 상을 받았으며, 오늘은 이 세 가지 역할을 어떻게 균형 있게 해낼 수 있는지에 대해 이야기할 예정입니다. 여러분, 캐리 르배런을 무대로 모시겠습니다!

강세 / 끊어 읽기 ✓ 올려 읽기

고득점 포인트

- 아래 단어의 발음에 주의하세요.

  famous French chef: f소리에 주의해서 발음하기

  four: 놀라움을 표시하듯 강세를 두며 길게 발음하기

  career: 두 번째 음절에 강세를 둠

- 사람 이름이나 회사명 같은 고유명사는 잘못 읽더라도 자신감 있게 말하면 점수에 크게 영향을 미치지 않습니다.

- 답변을 녹음해서 들어보며 자신의 말투, 목소리 크기 및 답변 속도가 유명 토크쇼 진행자로 어울렸을 지 확인해보세요.

Q2 광고

Attention, shoppers! / Whether you're in search of new outdoor jackets / or functional sportswear↗, / visit Westwood Outlet Mall today. / This weekend only↗, / you can get 30% off any full-priced items. / Discover an excellent selection of comfortable↗, / stylish↗, / and affordable clothing for your family. / These deals won't last long! / So↗, / stop by today / and grab the best deals.

쇼핑객 여러분, 주목해 주세요! 새로운 아웃도어 재킷이나 기능성 스포츠의류를 찾고 계신다면, 오늘 웨스트우드 아울렛 몰을 방문해 보세요. 이번 주말에 한해 모든 정가 품목에서 30% 할인을 받을 수 있습니다. 가족을 위한 편안하고 스타일리시하며 저렴한 의류의 훌륭한 컬렉션을 만나보세요. 이 할인 행사는 오래 지속되지 않습니다! 그러니 오늘 방문하셔서, 최고의 할인 혜택을 놓치지 마세요.

강세 / 끊어 읽기 ↗ 올려 읽기

고득점 포인트

• 아래 단어의 발음에 주의하세요.

Westwood / Outlet / Mall: 긴 고유명사는 단어를 하나씩 짧게 끊어서 말해주세요.

full-priced items: 바로 이어지는 f와 p소리에 주의해서 발음하세요.

won't: o소리를 길게 발음하세요. 짧게 발음하면 want로 들릴 수 있습니다.

Actual Test 10

Questions 3-4

Q3

주요 대상

- 사진 가운데의 여자
- 사진 왼쪽의 그림
- 사진 오른쪽의 두 여자

장소	I think this picture was taken in a park. 이 사진은 공원에서 찍힌 것 같습니다.
대상 1	In the middle of the picture, it seems like a woman is hanging a painting. 사진의 가운데에, 한 여자가 그림을 걸고 있는 것처럼 보입니다.
대상 2	Next to her, a lot of paintings are displayed. 그녀의 옆에, 많은 그림들이 진열되어 있습니다.
대상 3	On the right side of the picture, two women wearing jeans are looking at the paintings. 사진의 오른쪽에, 청바지를 입은 두 여자가 그림을 쳐다보고 있습니다. I think they are interested in the paintings. 그들이 그림에 관심이 있는 것 같습니다.

어휘   painting 그림   be interested in ~에 관심이 있는

고득점 포인트

- 세 번째 문장은 아래와 같이 변경할 수 있습니다.

  Next to her, paintings of various sizes **are displayed.** 그녀의 옆에, 다양한 크기의 그림들이 전시되어 있습니다.

- painting vs. picture

  painting은 손을 이용해 그린 작품을 의미합니다. 반면에 **picture**는 사진, 그림, 드로잉 등 다양한 형태의 이미지를 뜻합니다. 따라서 모든 **painting**은 **picture**가 될 수 있지만 그 반대는 아닙니다.

Q4

주요 대상

- 사진 오른쪽의 남자
- 사진 왼쪽의 식물
- 남자 뒤의 게시판

장소	I think this is a picture of a home office. 이 사진은 재택 업무공간에서 찍힌 것 같습니다.
대상1	On the right side of the picture, a man wearing a blue shirt is drinking something. 사진의 오른쪽에, 파란 셔츠를 입은 남자가 뭔가를 마시고 있습니다. It seems like he is having a video meeting. 그는 화상 회의를 하는 것 같습니다.
대상2	On the left side of the picture, there is a small plant. 사진의 왼쪽에, 작은 식물이 하나 있습니다.
대상3	And, I can see a bulletin board in the background of the picture. 그리고 사진의 배경에는 게시판이 보입니다.

어휘 home office 재택 업무공간 video meeting 화상 회의 bulletin board 게시판

고득점 포인트

- 아래 표현들의 차이점을 익혀 두세요.

video chat	가족, 친구들 사이의 가벼운 화상 통화
video call	비즈니스 목적의 일대일 화상 통화
video meeting	비즈니스 환경에서 소규모의 인원이 참여하는 화상 회의
video conference	다수의 인원이 참여하는 화상 회의 및 행사(대규모 컨퍼런스, 비대면 교육 등)

Questions 5-7

Imagine that you are talking on the telephone with a friend.
You are having a conversation about learning a new language.
당신이 친구와 전화통화를 하고 있다고 가정해 보세요.
당신은 새로운 언어를 배우는 것에 대해 대화를 하고 있습니다.

Q5	When did you first start learning a foreign language, and which language was it? 언제 처음 외국어를 배우기 시작했고, 그게 어떤 언어였어?	
A5	I first started learning a foreign language when I was in elementary school, and it was English. 나는 초등학교에서 처음 외국어를 배우기 시작했고, 그것은 영어였어.	
Q6	Which new foreign language would you like to learn? And why? 어떤 새로운 외국어를 배우고 싶어? 그리고 그 이유는 뭐야?	
A6	I would like to learn Chinese because it is very helpful to get a job these days. 나는 중국어를 배우고 싶은데 그 이유는 요즘 중국어가 취업에 도움이 많이 되기 때문이야.	
Q7	From your experience, what do you think I can do to learn a foreign language quickly? 네 경험으로 볼 때, 내가 외국어를 빨리 배우기 위해서는 무엇을 할 수 있을까?	
A7	**시작**	I have a few suggestions. 몇 가지 제안하고 싶은 게 있어.	
	의견1 + 추가 문장	First, it is very important to study grammar. 첫 번째로, 문법을 공부하는 것이 매우 중요해.	It's because grammar is essential for making sentences. 문장을 만드는 데 문법이 필수이기 때문이야.
	의견 2 + 추가 문장	Second, you need to practice speaking. 두 번째로, 말하기 연습을 해야 해.	There are many useful speaking apps using AI nowadays. 요즘 AI를 활용한 유용한 스피킹 앱이 많아.

고득점 포인트

Q5 in + 학교는 특정 학교에서의 경험을 나타냅니다. 예를 들어, in high school은 '고등학교에서', in college는 '대학교에서'를 의미합니다.

Q6 답변에서 it은 '중국어를 배우는 것'을 지칭하는 대명사입니다.

Q7 시작 문장으로 가능한 다른 문장

• I have some good ideas. 몇 가지 좋은 생각이 있어.
• There are a few things you can do. 네가 할 수 있는 것이 몇 가지 있어.

추가 아이디어 연습

Q6 새로운 외국어를 배우려는 또 다른 이유

• Chinese can be helpful for my work. 중국어는 내 업무에 도움이 될 수 있어.
• I'm very interested in Chinese culture. 나는 중국 문화에 관심이 아주 많아.

Q7 추가 아이디어

의견 + 추가 문장	First, you can study a foreign language abroad. 첫 번째로, 해외에서 외국어를 공부할 수도 있어.	If so, you can practice the foreign language every day. 만약 그렇게 한다면, 매일 외국어를 연습할 수 있어.

필수 표현 리뷰

아래 표현을 영어로 소리 내어 말해보거나 작성해 보고 본문 p.206에서 모범 답안을 확인하세요.

문법을 열심히 공부하다	말하기를 연습하다	AI를 사용한 말하기 앱
업무에 도움이 되다	해외에서 공부하다	~에 관심이 있다

Questions 8-10

출시 일정 (기사 게재 일정)

파이낸스 포커스 다이제스트

비즈니스 기사 게재 일정 (9월 29일 - 11월 3일)

게재일	기사 제목	작성자
9월 29일	금이 중요한 이유	벤자민 존슨
10월 5일	AI가 금융을 변화시키는 방법	그레이스 리
10월 12일	새로운 주택 구매자를 위한 팁	다니엘 카터
10월 ~~19일~~ 18일	녹색 에너지에 투자하기	루카스 화이트
10월 26일	부채 감소 전략	에밀리 클락
11월 3일	AI 기반 거래의 위험성	올리비아 해리스

Hello, this is Nina Roberts, the chief editor. Before we upload the publishing schedule to the website, I'd like to discuss a few details.

안녕하세요, 저는 편집장 니나 로버츠입니다. 웹사이트에 기사 게재 일정을 올리기 전에 몇 가지 세부 사항을 논의하고자 합니다.

Q8	What is the title of the article scheduled for publication in September, and who is the author? 9월에 게재 예정인 기사 제목은 무엇이며, 필자는 누구인가요?
A8	Benjamin Johnson will publish an article on "Why Gold Matters" on September 29th. 벤자민 존슨이 9월 29일에 "금이 중요한 이유"에 관한 기사를 게재할 것입니다.
Q9	The article on "Investing in Green Energy" is scheduled for publication on October 19th, right? "녹색 에너지에 투자하기"에 관한 기사가 10월 19일에 게재 예정이 맞죠?
A9	I'm sorry, but you have the wrong information. That article will be released on the 18th. 죄송하지만, 잘못 알고 계십니다. 그 기사는 18일에 게재될 것입니다.

Q10	Could you provide me with all the details of the articles related to AI? AI와 관련된 기사에 대한 모든 세부 정보를 알려주실 수 있나요?
A10	There are two scheduled articles. First, Grace Lee will publish an article on "How AI is Changing Finance" on October 5th. Second, another article on "The Risks of AI-powered Trading" will be released by Olivia Harris on November 3rd. 두 개의 게재 예정인 기사가 있습니다. 첫 번째로, 그레이스 리는 10월 5일에 "AI가 금융을 변화시키는 방법"에 대한 기사를 게재할 것입니다. 두 번째로, "AI 기반 거래의 위험성"에 대한 또 다른 기사가 11월 3일에 올리비아 해리스로부터 게재될 것입니다.

고득점 포인트

Q8 아래의 답변도 가능합니다.

An article on "Why Gold Matters" will be published by Benjamin Johnson on September 29th.
"금이 중요한 이유"에 대한 기사가 9월 29일에 벤자민 존슨으로부터 게재될 것입니다.

Q9 답변의 과거분사 released를 published로 변경할 수 있습니다.

Q10 기사 게재 일정 필수 표현

- 사람 will publish/release an article on 제목 + 시간 정보
  (사람)이 (시간)에 (제목)에 대한 기사를 게재할 것입니다.

- An article on 제목 will be published/released by 사람 + 시간 정보
  (제목)에 대한 기사가 (시간)에 (사람)으로부터 게재될 것입니다.

추가 연습 문제 (8번)

Q We're going to publish an article for people planning to buy a new house. When will it be published, and who is the author?
우리는 새 집을 구매하려는 사람들을 위한 기사를 게재할 예정입니다. 언제 게재되며, 저자는 누구인가요?

A Daniel Carter will publish an article on "Tips for New Homebuyers" on October 12th.
다니엘 카터는 10월 12일에 "새로운 주택 구매자를 위한 팁"에 대한 기사를 게재할 것입니다.

Question 11

교육 관련

Which facility do you think universities in your area should invest in the most?

Choose one of the options below and give reasons or examples to support your opinion.

• Dormitories   • Cafeterias   • Libraries

당신의 지역에 있는 대학들이 어떤 시설에 가장 많이 투자해야 한다고 생각하나요?

아래의 선택지 중 하나를 고른 뒤, 당신의 의견을 뒷받침할 이유나 예시를 제시하세요.

• 기숙사   • 학생 식당   • 도서관

답변 아이디어 만들기

아래 예시를 참고해서 답변 아이디어를 완성해 보세요.

입장	도서관	이유	학생들이 편안한 환경에서 공부할 수 있음 그래서, 그들이 공부에 집중하기 더 쉬움
긍정적 예시	도입		대학 시절, 시설이 뛰어났던 도서관 소개
	전개		뛰어난 시설에 대한 구체적 설명
	결과		그로 인한 긍정적인 결과

만점 답변

시작		I think universities in my area should invest in libraries the most. 저는 우리 지역의 대학이 도서관에 가장 많이 투자해야 한다고 생각합니다.
이유		Most of all, students can study in a comfortable environment. 무엇보다도, 학생들이 편안한 환경에서 공부할 수 있습니다. So, it is easier for students to focus on studying. 그래서 학생들이 공부에 집중하기 더 쉽습니다.
긍정적 예시	도입	When I was a university student, our library had excellent facilities. 제가 대학생이었을 때, 우리 학교 도서관은 훌륭한 시설을 갖추고 있었어요.
	전개	For example, the desks and chairs were very comfortable. 예를 들면, 책상과 의자가 매우 편안했습니다. Also, there were many group study rooms for team projects. 또한, 팀 프로젝트를 위한 그룹 스터디룸이 많았습니다.
	결과	So, I used the library almost every day. 그래서 저는 거의 매일 도서관을 이용했습니다.

제시된 아이디어를 이용해서 다시 한번 답변해 보세요.

입장		기숙사	이유	더 많은 학생들이 기숙사에 거주할 수 있음 그래서 학생들이 편리하게 통학을 할 수 있음
부정적 예시	도입	대학 시절, 규모가 작았던 기숙사 소개		
	전개	작은 규모로 인해 불편했던 점 설명		
	결과	그로 인한 부정적인 결과		

이유		Most of all, more students can live in the dormitories. 무엇보다도, 더 많은 학생들이 기숙사에서 지낼 수 있습니다. So, they can commute conveniently. 그래서 그들은 편리하게 통학할 수 있습니다.
부정적 예시	도입	When I was a university student, our dormitory was very small. 제가 대학생이었을 때, 우리 기숙사는 매우 작았습니다.
	전개	So, only students from other cities could live in the dormitory. 그래서 다른 도시의 학생들만 기숙사에서 지낼 수 있었습니다.
	결과	As a result, I wasted a lot of time commuting in college. 그 결과, 저는 대학 시절 통학에 많은 시간을 낭비했습니다.

고수의 영작 기술 — time + 현재분사

I wasted a lot of time commuting. 저는 통학에 많은 시간을 낭비했습니다.
　동사　　　명사　　　현재분사

• 명사 time 뒤에 현재분사가 오면 '~에', 또는 '~을 하며'라는 의미입니다. 이런 구조로 자주 사용되는 대표적인 동사로는 save, spend, waste가 있습니다.

I saved a lot of time commuting. 저는 통학에 많은 시간을 절약했습니다.

I spent a lot of time commuting. 저는 통학에 많은 시간을 보냈습니다.

아래 표현을 영어로 소리 내어 말해보거나 작성해 보고 본문 p.206에서 모범 답안을 확인하세요.

편안한 환경에서 공부하다	편리하게 통학하다	통학에 많은 시간을 낭비하다

실전 모의고사 11

Questions 1-2

Q1 광고

This Sunday↗, / The Grind House Coffee Shop / invites coffee lovers **to a tasting event at our store.** / Visit **us between** 6 **and** 9 o'clock / **to enjoy** half-price desserts↗, / live music↗, / **and our** exclusive coffee **from Colombia.** / **While you're here**↗, / complete **a customer** survey / **and** receive **a** free pack **of** coffee beans / **to brew at home.**

이번 일요일, 그라인드 하우스 커피숍에서 커피 애호가 여러분을 저희 매장에서 열리는 시음회에 초대합니다. 저녁 6시부터 9시 사이에 저희 매장을 방문하시면 반값 디저트, 라이브 음악, 그리고 콜롬비아산 독점 커피를 즐기실 수 있습니다. 매장에 머무르시는 동안 고객 설문 조사를 작성하시고 집에서 즐기실 수 있는 무료 커피 원두 한 팩을 받아가세요.

강세 / **끊어 읽기** / ↗ **올려 읽기**

고득점 포인트

• 고유명사는 각 단어에 강세를 두며 천천히 발음하세요.
• half-price에서 바로 이어지는 f와 p발음에 주의하세요. 두 자음이 모두 들리도록 중간에 살짝 끊어서 발음하세요.
• a free pack of coffee beans에서도 f와 p발음에 주의하세요.

Q2 고객 안내문

Welcome to the Metropolitan Museum of Art. / We hope your tour is informative / and enjoyable. / Since there are a lot of visitors here today↗, / we will divide into two groups. / After completing the tour↗, / you may visit the gift shop on the first floor↗, / enjoy a meal in the cafeteria↗, / or learn about upcoming exhibits / at the information desk.

메트로폴리탄 미술관에 오신 것을 환영합니다. 여러분의 투어가 유익하고 즐거운 시간이 되기를 바랍니다. 오늘 관람객이 많기 때문에 두 그룹으로 나누어 진행하겠습니다. 투어가 끝난 후, 1층의 기념품 가게를 방문하거나, 카페테리아에서 식사를 즐기거나, 안내 데스크에서 향후 전시회에 대해 알아볼 수 있습니다.

강세 / 끊어 읽기 ↗ 올려 읽기

고득점 포인트

• 박물관에서 투어를 진행하는 가이드처럼 차분하지만 명확하고 전문적인 어조로 읽어주세요.
• 아래 단어의 발음에 주의하세요.
 informative: 두 번째 음절인 for에 강세를 두고 -mative는 -메이티브가 아닌 -머티브로 발음하기
 cafeteria: 세 번째 음절인 te에 강세를 두며, 테가 아닌 티에 가까운 소리로 발음하기

Questions 3-4

Q3

주요 대상

• 사진 오른쪽의 남자

• 사진 왼쪽의 아이들

• 사진 배경의 전시품

장소	I think this picture was taken in a museum. 이 사진은 박물관에서 찍힌 것 같습니다.
대상1	On the right side of the picture, a man wearing a white shirt is giving a tour of the museum. 사진의 오른쪽에, 흰 셔츠를 입은 남자가 박물관 투어를 진행하고 있습니다.
대상2	On the left side of the picture, a group of children is listening to him, and some of them are raising their hands. 사진의 왼쪽에, 아이들이 그의 말을 듣고 있으며, 그 중 일부는 손을 들고 있습니다.
대상3	In the background of the picture, various historical artifacts are displayed. 사진의 배경에, 다양한 유물들이 전시되어 있습니다.

어휘 give a tour 투어를 진행하다, 견학(구경)을 시켜주다 raise 들어올리다 historical artifacts 유물

고득점 포인트

인물의 동작이나 사물을 설명하기 어려울 때는 더 쉽고 간단한 표현을 사용해서 말하는 연습을 하세요.

give a tour 투어를 진행하다 ▶ explain something 무언가를 설명하다

historical artifacts 역사적 유물 ▶ historical items 역사적 물건

raising hands 손을 들다 ▶ asking questions 질문을 하다

Q4

주요 대상

• 사진 가운데의 남자

• 사진 왼쪽의 여자

장소	I think this is a picture of a lab. 이것은 실험실 사진인 것 같습니다.
인물의 공통점	In the middle of the picture, two people are wearing lab coats and hairnets. 사진의 가운데에, 두 사람이 실험실 가운과 머리망을 착용하고 있습니다.
대상1	The man on the right is using a microscope, 오른쪽에 있는 남자가 현미경을 사용하고 있고,
대상2	and the woman on the left is writing something on a notepad. 왼쪽에 있는 여자는 메모장에 무언가를 적고 있습니다.
대상3	In the background of the picture, there is a white bookcase. 사진의 배경에, 하얀 책장이 있습니다.

어휘　lab 실험실　lab coat 실험실 가운　hairnet 머리망　microscope 현미경　bookcase 책장, 책 외에 다양한 물건을 보관하는 가구

고득점 포인트

• 사진 속 인물들이 비슷한 옷차림을 하고 있다면, 먼저 그들의 복장을 설명하고, 그 다음 각 인물의 동작을 설명하세요.

• 실험실 관련 필수 어휘

lab coat	실험실 가운	microscope	현미경
lab glasses	실험실용 안경	lab equipment	실험 도구, 실험실 장비
lab gloves	실험실용 장갑	do an experiment	실험을 하다

Questions 5-7

Imagine that a Canadian marketing firm is conducting research in your area, and you have agreed to participate in a telephone interview about amusement parks that have attractions like roller coasters.

캐나다의 한 마케팅 회사가 당신이 사는 지역에서 설문조사를 하고 있다고 가정해 보세요. 당신은 롤러코스터 같은 놀이기구가 있는 놀이공원에 관한 전화 인터뷰에 참여하기로 동의했습니다.

Q5	How often do you visit an amusement park, and who do you usually go there with? 당신은 얼마나 자주 놀이공원에 가며, 보통 누구와 함께 가나요?
A5	I visit an amusement park less than once a year, and I usually go there with my friends. 저는 매년 한 번 이하로 놀이공원에 가며, 보통 제 친구들과 함께 갑니다.
Q6	What time of the day is best for visiting an amusement park? Why? 놀이공원을 방문하기에 가장 좋은 시간은 언제인가요? 그 이유는 무엇인가요?
A6	I think evening is the best time for visiting an amusement park. It's because I can watch beautiful fireworks. 저는 저녁이 놀이공원을 방문하기에 가장 좋다고 생각합니다. 왜냐하면 아름다운 불꽃놀이를 볼 수 있기 때문입니다.
Q7	Do you think going to an amusement park is a good way to spend a vacation? 놀이공원에 가는 것이 휴가를 보내기에 좋은 방법이라고 생각하나요?

A7	시작	I think going to an amusement park is a good way to spend a vacation. 저는 놀이공원에 가는 것이 휴가를 보내기에 좋은 방법이라고 생각합니다.	
	이유 1 + 추가 문장	It's because there are many exciting rides. 왜냐하면 그곳에는 흥미진진한 놀이기구가 많기 때문입니다.	So, we can relieve stress from our daily lives. 그래서 우리는 일상 생활에서의 스트레스를 해소할 수 있습니다.
	이유 2 + 추가 문장	Also, they have various attractions for all ages. 또한, 놀이공원에는 모든 연령대를 위한 다양한 즐길 거리가 있습니다.	So, families can have a fun time together. 그래서 가족들이 함께 즐거운 시간을 보낼 수 있습니다.

Q5 less than **once a year** 매년 한번 이하

more than **once a year** 매년 한번 이상

Q7

• ride vs. attraction

ride는 주로 놀이기구를 가리킵니다. 반면에 **attraction**은 놀이기구를 비롯하여 퍼레이드, 쇼, 상점 등을 포함하는 더 포괄적인 용어입니다.

• 알아두면 유용한 놀이기구 이름

roller coaster	롤러코스터	ferris wheel	대관람차
merry-go-round	회전목마	water slide	워터 슬라이드
pirate ship	해적선, 바이킹	haunted house	유령의 집

Q6 이른 아침(early morning)이 좋은 이유

We don't need to wait long to ride popular attractions.
우리는 인기 있는 놀이기구를 타기 위해 오래 기다릴 필요가 없습니다.

Q7 '좋은 방법이 아님' 입장의 이유와 추가 문장

이유 1 + 추가 문장	It's because amusement parks are too crowded during vacation times. 왜냐하면 휴가 기간에는 놀이공원이 너무 혼잡합니다.	So, we might have to wait for hours to ride popular attractions. 그래서 인기있는 놀이기구를 타기 위해 몇 시간동안 기다려야 할 수도 있습니다.
이유 2 + 추가 문장	Also, it costs a lot to go to an amusement park these days. 또한, 요즘 놀이공원에 가는 것은 많은 비용이 듭니다.	For example, the admission fees and food prices are very expensive. 예를 들면, 입장료와 음식 가격이 매우 비쌉니다.

아래 표현을 영어로 소리 내어 말해보거나 작성해 보고 본문 p.206에서 모범 답안을 확인하세요.

매년 한 번 이하	일상 생활에서의 스트레스를 해소하다	즐거운 시간을 보내다
몇 시간동안 기다리다	많은 비용이 들다	입장료

Questions 8-10

프로그램 일정

솔리티어 리조트 신입사원 오리엔테이션 11월 16일, 월요일	
오전 09:30 - 10:00	경영진 소개
오전 10:00 - 10:30	발표: 직원 복리후생, 에린 모리스
오전 10:30 - 11:00	~~시연, 제시카 마르티네즈~~ •~~리조트 보안 절차~~ *연기됨*
오전 11:00 - 정오	리조트 투어
정오 - 오후 01:00	점심 식사 (리조트 내 중식당)
오후 01:00 - 02:00	시연, 캐머런 시몬스 •프런트 데스크 에티켓 •응급 상황 대처법
오후 02:00 - 03:30	워크숍: 고객 예약 시스템

Hello, this is Lucy, the resort manager speaking. I understand you're working on the new employee orientation schedule, and I have a few questions about it.

안녕하세요, 리조트 매니저 루시입니다. 신입사원 오리엔테이션 일정에 대해 작업 중인 것으로 알고 있는데, 몇 가지 질문이 있습니다.

Q8	What date is the orientation scheduled for, and what time will it be over? 오리엔테이션은 며칠이며, 몇 시에 끝나나요?
A8	The orientation is scheduled for Monday, November 16th, and it will be over at 3:30 P.M. 오리엔테이션은 11월 16일 월요일로 예정되어 있으며, 오후 3시 30분에 끝납니다.
Q9	I think we need more time for the resort tour. Do you think it is possible to extend the time? 제 생각엔 리조트 투어에 시간이 더 필요할 것 같습니다. 시간을 연장하는 것이 가능한가요?
A9	Fortunately, a demonstration on "Resort Security Procedures" has been postponed. So, we can start the tour at 10:30 A.M. 다행히도 "리조트 보안 절차"에 대한 시연회가 연기되었습니다. 따라서, 저희는 오전 10시 30분에 투어를 시작할 수 있습니다.

Q10	Can you give me all the details of what is scheduled after lunch? 점심 이후에 예정된 일정의 모든 세부 내용을 알려주시겠어요?
A10	There are two scheduled sessions. First, Cameron Simmons will give a demonstration on "Front Desk Etiquette" and "Emergency Response" at 1 P.M. Second, there will be a workshop on the guest reservation system at 2 P.M. 두 개의 일정이 예정되어 있습니다. 첫 번째로, 캐머런 시몬스가 오후 1시에 "프런트 데스크 에티켓" 및 "응급 상황 대처법"에 대한 시연을 진행할 예정입니다. 두 번째로, 오후 2시에 고객 예약 시스템에 대한 워크숍이 있을 예정입니다.

고득점 포인트

Q8 다음의 답변도 가능합니다.

The orientation will be held on Monday, November 16th, and it will finish at 3:30 P.M.

오리엔테이션은 11월 16일 월요일에 열리며, 오후 3시 30분에 끝납니다.

Q9 표에서 변경되거나 취소된 정보가 있다면 해당 세션 전후의 내용을 확인해두세요. 공백 시간대를 활용하여 질문에 대답하는 유형이 자주 출제됩니다.

Q10 **일반명사 vs. 고유명사**

표의 항목은 고유명사와 일반명사로 나뉩니다. 고유명사(회사명, 사람 이름, 주제 등)를 제외한 나머지가 일반명사에 해당되며, 일반명사 중 처음 언급되는 가산명사의 앞에는 부정관사 a를 더해주세요. 하지만 첫 언급일지라도 문맥상 명확한 경우에는 정관사 the를 사용할 수 있습니다.

There will be a workshop on the guest reservation system at 2 P.M.
          일반명사   사내 예약 시스템

추가 연습 문제 (9번)

Q I heard that the new employees will have lunch at the employee cafeteria. Is that correct?

신입사원들이 직원 구내식당에서 점심 식사를 할 예정이라고 들었습니다. 맞나요?

A I'm sorry, but you have the wrong information. They will have lunch at the resort's Chinese restaurant.

죄송하지만, 잘못 알고 계십니다. 그들은 리조트 내 중식당에서 점심 식사를 할 것입니다.

Question 11

일상 생활

What are the advantages of traveling to only one country during a vacation compared to visiting several countries?

Give reasons or examples to support your opinion.

휴가 기간에 여러 나라를 방문하는 것과 비교해 한 나라를 여행하는 것의 장점은 무엇인가요?

당신의 의견을 뒷받침하기 위한 이유나 예시를 제시하세요.

답변 아이디어 만들기

아래 예시를 참고해서 답변 아이디어를 완성해 보세요.

장점		우리는 더 한가롭게 여행할 수 있음 그래서 여행 중에 서두르지 않아도 됨
부정적 예시	도입	여러 나라를 방문하게 된 경험 소개
	전개	한가롭게 여행할 수 없어 발생한 문제점 설명
	결과	그로 인한 부정적인 결과

만점 답변

시작		There are some advantages of traveling to only one country compared to visiting several countries. 여러 나라를 방문하는 것과 비교해 한 나라를 여행하는 것에는 몇 가지 장점이 있습니다.
장점		Most of all, we can travel more leisurely. 무엇보다도, 우리는 더 여유롭게 여행할 수 있습니다. So, we don't need to hurry during the trip. 그래서 우리는 여행 중에 서두르지 않아도 됩니다.
부정적 예시	도입	About two years ago, I traveled to London, Paris, and Rome for nine days. 약 2년 전에, 저는 9일간 런던, 파리, 로마를 여행했습니다.
	전개	So, I couldn't stay in one place for a long time, and I was always busy taking pictures of famous landmarks. 그래서, 저는 한 곳에 오래 머무를 수 없었으며, 유명한 랜드마크의 사진을 찍느라 항상 바빴습니다.
	결과	As a result, I was not able to enjoy the trip, and I regretted my travel plan. 그 결과, 저는 여행을 즐길 수 없었고 제 여행 계획을 후회했습니다.

제시된 아이디어를 이용해서 다시 한번 답변해 보세요.

장점	여행 비용을 절약할 수 있음 구체적으로 말하면, 교통비에 많은 돈을 쓰지 않아도 됨	
부정적 예시	도입	여러 나라를 방문하게 된 경험 소개
	전개	교통비에 많은 돈을 쓰게 된 상황 설명
	결과	그로 인한 부정적인 결과

장점	Most of all, we can save money on travel expenses. 무엇보다도, 우리는 여행 경비를 절약할 수 있습니다. Specifically, we don't have to spend a lot of money on transportation costs. 구체적으로 말하면, 우리는 교통비에 많은 돈을 쓰지 않아도 됩니다.	
부정적 예시	도입	About two years ago, I traveled to four countries in Europe for nine days. 약 2년 전에, 저는 9일간 유럽의 4개국을 여행했습니다.
	전개	So, I had to take planes or trains often to travel around, but the transportation costs were very expensive. 그래서 저는 자주 비행기나 기차를 타고 이동을 해야 했는데, 교통비가 매우 비쌌습니다.
	결과	As a result, I had to save money on food and hotel during the trip. 그 결과, 저는 여행 중에 음식과 호텔에 돈을 아껴야 했습니다.

고득점 **포인트**

비용 관련 필수 어휘

living expenses 생활비   travel expenses 여행 비용   allowance 용돈   utility bills 공과금
transportation costs 교통비   admission fee 입장료   registration fee 참가비   tuition fee 수업료
shipping costs 배송비   membership fee 회비

필수 표현 **리뷰**

아래 표현을 영어로 소리 내어 말해보거나 작성해 보고 본문 p.206에서 모범 답안을 확인하세요.

여유롭게 여행하다	9일 동안	사진을 찍느라 바쁜
후회하다	여행 경비를 절약하다	교통비

Questions 1-2

Q1 자동응답 메시지

Thank you for calling Madison Cinema↗, / Bristol's favorite movie theater. / This week↗, / we are offering special discounts / on popcorn↗, / sweets↗, / and other snacks. / Press one to hear / the list of this week's movies↗, / or press two / to buy tickets in advance. / For any other requests↗, / press three to speak to a staff member.

브리스톨에서 가장 인기 있는 영화관 매디슨 시네마에 전화 주셔서 감사합니다. 이번 주에는 팝콘, 사탕 및 기타 간식거리를 특별 할인합니다. 이번 주 영화 목록을 들으시려면 1번을 누르시고, 티켓을 예매하시려면 2번을 누르세요. 다른 요청 사항이 있으시면 3번을 눌러 직원과 통화하세요.

강세 / 끊어 읽기 / 올려 읽기

고득점 포인트

· 고유명사와 숫자에는 강세를 두어서 길게 발음하세요.
· offering의 f 발음에 주의하세요.
· 마지막 문장에서 첫 단어 for를 강하게 읽지 않도록 주의하세요.

Q2 뉴스

Tonight **on local** news↗, / **we'll be reporting on a** new shopping mall **in**
Winchester / **scheduled to be** built / **over the next** 6 months. / **The** mall **will** sell
a variety **of** clothing↗, / electronics↗, / **and** household items. / **If you want to**
hear more **about this** project / **and get a** preview **of the mall's** design↗, / **join** us
tonight **at** 8 P.M.

오늘 밤 지역 뉴스에서는 윈체스터의 새로운 쇼핑몰이 앞으로 6개월간 건설될 예정이라고 보고할 것입니다. 이 쇼핑몰은 다양한 의류, 전자제품 및 생활용품을 판매할 예정입니다. 만약 이 프로젝트에 대해 더 자세히 듣고 쇼핑몰의 디자인을 미리 보고 싶으시면, 오늘 저녁 8시에 저희와 함께하세요.

강세 / **끊어 읽기** / ↗ 올려 읽기

고득점 포인트

- shopping의 첫 음절은 '샤'소리가 납니다. '쇼'로 발음하지 않도록 주의하세요.
- 조동사는 강세를 두어 읽지 않습니다. 단, 의미가 강한 조동사는 강하게 읽습니다 (have to, must 등)
- at 8 P.M.에서 숫자 8을 전치사 at보다 길고 강하게 읽어주세요.

Questions 3-4

Q3

주요 대상

- 사진 왼쪽의 남자
- 사진 가운데의 남자
- 사진 오른쪽의 여자

장소	I think this picture was taken in an old library. 이 사진은 오래된 도서관에서 찍힌 것 같습니다.
대상1	On the left side of the picture, a man is taking notes while sitting on a sofa. 사진의 왼쪽에, 한 남자가 소파에 앉아서 필기를 하고 있습니다.
대상2	In the middle of the picture, another man wearing a brown jacket is using a laptop computer, and many books are stacked on the desk. 사진의 가운데에, 갈색 재킷을 입은 다른 남자가 노트북 컴퓨터를 사용 중이며, 책상 위에는 많은 책이 쌓여 있습니다.
대상3	On the right side of the picture, it seems like a woman is looking for a book in the bookshelves. 사진의 오른쪽에, 한 여자가 책장에서 책을 찾는 것처럼 보입니다.

어휘 stack 쌓다 look for ~을 찾다

고득점 포인트

눈에 보이는 그대로 묘사하지 않아도 됩니다. It seems like나 I think를 이용해서 내 의견을 자유롭게 표현할 수 있습니다.

In the middle of the picture, I think another man is writing a thesis.
사진의 가운데에, 다른 남자가 논문을 작성중인 것 같습니다.

Q4

주요 대상

- 사진 가운데의 점원과 여자
- 사진 왼쪽의 남자
- 사진 오른쪽의 테이블

장소	I think this picture was taken in front of a hamburger food truck. 이 사진은 햄버거 푸드트럭 앞에서 찍힌 것 같습니다.
대상1	In the middle of the picture, an employee is handing some food to a woman. 사진의 가운데에, 한 점원이 여자에게 음식을 건네고 있습니다. She is wearing a yellow cardigan. 그녀는 노란색 가디건을 입고 있습니다.
대상2	On the left side, a man wearing a light blue jacket is standing in line. 사진의 왼쪽에, 연한 파란색 재킷을 입은 한 남자가 줄을 서 있습니다.
대상3	On the right side, I can see a round table. 사진의 오른쪽에, 둥근 테이블이 있습니다.

어휘   hand ~을 건네다   stand in line 줄을 서 있다

고득점 포인트

- 대상의 위치를 설명할 때, 처음 언급하는 대상에는 꼭 of the picture를 붙여주세요. 이후부터는 생략할 수 있습니다.
- 사진의 장소를 설명할 때 사용하는 전치사 정리

  in 어느 지역, 건물의 내부 공간

  in a living room 거실에서   **in an office** 사무실에서   **in a lecture room** 강의실에서

  at 실내 및 실외의 특정한 위치나 장소

  at a checkout counter 계산대에서   **at a bus stop** 버스 정류장에서   **at a boarding gate** 탑승 게이트에서

  on 어딘가의 표면

  on a street 거리에서   **on a bridge** 다리 위에서   **on a beach** 해변가에서

  in front of 어딘가의 앞, 부근

  in front of a restaurant 레스토랑 앞에서   **in front of a flower shop** 꽃집 앞에서

Questions 5-7

Imagine that a British fitness magazine is preparing an article on exercise habits. You have agreed to participate in a telephone interview about walking.

영국의 한 피트니스 잡지에서 운동 습관에 관한 기사를 준비 중이라고 가정해보세요. 당신은 걷기에 대한 전화 인터뷰에 참여하기로 동의하였습니다.

Q5	How often do you walk for exercise, and at what time of the day do you prefer to walk? 당신은 얼마나 자주 운동을 위해 걷나요? 그리고 하루 중 언제 걷는 것을 선호하나요?	
A5	I walk for exercise about two or three times a week, and I prefer to walk in the evening after work. 저는 운동을 위해 일주일에 두세 번 정도 걷습니다. 그리고 퇴근 후 저녁에 걷는 것을 선호합니다.	
Q6	If you wanted to go for a walk, where would you go, and why? 만약 산책을 하고 싶다면, 어디로 가고 싶나요? 그 이유는 무엇인가요?	
A6	I would go to a park near my house because it is large and quiet. 저는 집 근처의 공원에 가겠습니다. 왜냐하면 공원이 넓고 조용하기 때문입니다.	
Q7	People exercise in many different ways. What are some advantages of choosing walking instead of other exercise? 사람들은 여러 가지 방법으로 운동을 합니다. 다른 운동 대신 걷기를 선택하는 것의 장점은 무엇인가요?	
A7	**시작** There are some advantages of choosing walking. 걷기를 선택하는 것에는 몇 가지 장점이 있습니다.	
	의견1 + 추가 문장 First, we can walk anywhere. 첫 번째로, 우리는 어디서나 걸을 수 있습니다.	So, we don't have to go far to exercise. 그래서 우리는 운동을 하기 위해 멀리 갈 필요가 없습니다.
	의견2 + 추가 문장 Second, we don't need any exercise equipment. 두 번째로, 우리는 어떤 운동 장비도 필요하지 않습니다.	So, it doesn't cost money. 그래서 돈이 들지 않습니다.

Q5 자주 쓰이는 시간대 표현

(early) in the morning	(이른) 아침에	during my lunch break	점심 시간에
in the afternoon	오후에	after work / school	퇴근 후에 / 방과 후
in the evening	저녁에	(late) at night	(늦은) 밤에

추가 아이디어 연습

Q6 집 근처의 강으로 가는 이유

I like walking while looking at the river view. 저는 강의 경치를 보면서 걷는 것을 좋아합니다.

집 근처의 숲 혹은 산으로 가는 이유

I can walk in nature. 저는 자연 속에서 걸을 수 있습니다.

Q7 추가 아이디어

의견 + 추가문장	First, walking is not an intense or demanding exercise. 첫 번째로, 걷기는 격렬하거나 힘든 운동이 아닙니다.	So, anyone can do it easily. 그래서 누구나 쉽게 할 수 있습니다.

필수 표현 리뷰

아래 표현을 영어로 소리 내어 말해보거나 작성해 보고 본문 p.207에서 모범 답안을 확인하세요.

일주일에 두세 번	퇴근 후	어디서나 걷다
운동을 하기 위해 멀리 가다	자연 속에서	격렬하거나 부담스러운

Questions 8-10

투어 일정

뉴올리언스 오케스트라 북미 투어 일정		
날짜	**장소**	**티켓 정보**
6월 3일 토요일	이스트 오크 극장, 휴스턴	낮 공연 (오후 2시): 30달러 - *매진* 저녁 공연 (오후 8시): 45달러
6월 8일 금요일	스타더스트 극장, 뉴욕	낮 공연 (오후 2시): 30달러 - *매진* 저녁 공연 (오후 7시): 45달러 - *매진*
6월 10일 토요일	스칼라 아트 센터, 토론토	낮 공연 (오후 3시): 40달러 저녁 공연 (오후 7시): 55달러 - *매진*

Hello, I'm a passionate fan of the New Orleans Orchestra. I understand there's a North American tour scheduled, and I have a few questions about it.

안녕하세요, 저는 뉴올리언스 오케스트라의 열렬한 팬입니다. 이번에 북미 투어가 예정되어 있는 것으로 아는데 투어 일정에 대해서 몇 가지 질문이 있습니다.

Q8 What date does the tour begin and finish?
투어 시작일과 종료일은 언제인가요?

A8 The tour will begin on June 3rd and finish on June 10th.
투어는 6월 3일에 시작해서 6월 10일에 끝납니다.

Q9 I heard that all the performances are scheduled for the weekends. Right?
모든 공연이 주말에 예정되어 있다고 들었습니다. 맞나요?

A9 I'm sorry, but you have the wrong information. There are shows on Friday, June 8th, but all the tickets are sold out.
죄송하지만, 잘못 알고 계십니다. 6월 8일 금요일에 공연이 있지만, 모든 티켓이 매진되었습니다.

Q10	I know most performances are already sold out. Could you please provide the details of available shows? 대부분의 공연이 이미 매진된 것으로 알고 있습니다. 아직 남아 있는 공연의 세부 정보를 알려주시겠어요?
A10	There are two remaining shows. First, a show is scheduled for Saturday, June 3rd, at 8 P.M. at East Oak Theater in Houston. The tickets cost $45. Second, there will be another show on Saturday, June 10th, at 3 P.M. at Scala Art Center in Toronto. The price is $40. 두 개의 공연이 남아있습니다. 첫 번째 공연은 6월 3일 토요일, 휴스턴의 이스트 오크 극장에서 오후 8시에 예정되어 있습니다. 티켓은 45달러입니다. 두 번째로, 다른 공연이 6월 10일 토요일, 토론토의 스칼라 아트 센터에서 오후 3시에 열릴 예정입니다. 가격은 40달러입니다.

고득점 포인트

Q9 공연이 매진되었는지 여부도 추가로 설명해주세요.

Q10

• 답변 첫 문장에 '남아 있는'이라는 의미의 형용사 remaining을 사용했습니다.

• 가격을 설명하기 위해 주로 사용되는 아래 표현들은 모두 가격이 20달러라는 의미를 가집니다.

The price is **twenty dollars.**

It costs **twenty dollars.**

It's priced at **twenty dollars.**

You'll need to pay **twenty dollars.**

추가 연습 문제 (9번)

Q I heard that the performance scheduled for June 3rd will take place at the Stardust Theater in New York. Is that correct?

6월 3일에 예정된 공연은 뉴욕의 스타더스트 극장에서 열릴 것이라고 들었습니다. 맞나요?

A I'm sorry, but you have the wrong information. The performance will take place at East Oak Theater in Houston.

죄송하지만, 잘못 알고 계십니다. 그 공연은 휴스턴의 이스트 오크 극장에서 열릴 예정입니다.

실전 모의고사 12   171

Question 11

교육 관련

Do you agree or disagree with the following statement?

It is more effective for teachers to conduct a class humorously for students' education.

Give reasons or examples to support your opinion.

다음의 의견에 동의하시나요, 아니면 반대하시나요?

교사들이 수업을 유머러스하게 진행하는 것은 학생들의 교육에 더 효과적이다.

당신의 의견을 뒷받침하기 위한 이유나 예시를 제시하세요.

답변 아이디어 만들기

아래 예시를 참고해서 답변 아이디어를 완성해 보세요.

입장	동의		이유	선생님이 학생들의 주의를 쉽게 끌 수 있음 그래서 더 많은 학생들이 공부에 집중할 수 있음
긍정적 예시		도입		고등학교 시절에 유머러스 했던 선생님 소개
		전개		그가 유머를 사용한 예시 설명
		결과		그로 인한 긍정적인 결과

만점 답변

시작	I agree that it is more effective for teachers to conduct a class humorously for students' education. 저는 학생들의 교육을 위해 교사가 유머러스하게 수업을 진행하는 것이 더 효과적이라는 것에 동의합니다.
이유	Most of all, teachers can draw students' attention easily. 무엇보다도, 선생님들은 학생들의 주의를 쉽게 끌 수 있습니다. So, more students can concentrate on their studies. 그래서 더 많은 학생들이 공부에 집중할 수 있습니다.

긍정적 예시	도입	When I was a high school student, my history teacher was very humorous. 제가 고등학생이었을 때, 제 역사 선생님은 매우 유머러스했습니다.
	전개	He explained Korean history in a very interesting way. 그는 한국사를 매우 흥미로운 방식으로 설명했습니다. And he often made funny jokes about the kings of Korea. 그리고 그는 한국의 왕들에 대한 재미있는 농담을 자주 했습니다.
	결과	As a result, many students looked forward to his history class. 그 결과, 많은 학생들이 역사 수업을 기대했습니다.

제시된 아이디어를 이용해서 다시 한번 답변해 보세요.

입장		반대	이유	몇몇 학생들이 농담으로 인해 상처를 받을 수 있음
부정적 예시	도입			고등학교 시절에 유머러스 했던 선생님 소개
	전개			선생님의 지나쳤던 농담 설명
	결과			그로 인한 몇몇 학생들이 상처를 받았음

이유		Most of all, some students might get hurt by some jokes. 무엇보다도, 몇몇 학생들이 농담으로 인해 상처를 받을 수도 있습니다.
부정적 예시	도입	When I was a high school student, my history teacher was very humorous. 제가 고등학생이었을 때, 제 역사 선생님은 매우 유머러스했습니다.
	전개	But he sometimes made excessive jokes about a student's appearance or height. 그런데 그는 가끔 학생들의 외모나 키에 대해 지나친 농담을 하기도 했습니다.
	결과	As a result, some students got hurt by the jokes. 그 결과, 일부 학생들은 그 농담으로 인해 상처를 받았습니다.

고득점 포인트

수동태와 유사한 의미를 가지는 get + 과거분사

get + 과거분사는 일반적으로 개인적 경험이나 상태의 변화를 강조할 때 사용되며, 예상하지 못한 사건을 설명할 때 사용되기도 합니다.

She got hurt while exercising. 그녀는 운동 중에 다쳤습니다.

He got promoted last week. 그는 지난 주에 승진했습니다.

We got confused by the instructions. 우리는 그 지시로 인해 혼란스러웠습니다.

필수 표현 리뷰

아래 표현을 영어로 소리 내어 말해보거나 작성해 보고 본문 p.207에서 모범 답안을 확인하세요.

주의, 관심을 끌다	흥미로운 방식으로	재미있는 농담을 하다
~를 기대하다	상처를 받다	과한, 지나친

실전 모의고사 13

Questions 1-2

Q1 프로그램 안내

Welcome to USC Career Center↗, / where we help people find jobs. / Today↗, / I'd like to introduce our new job database. / You can use this database to search for jobs↗, / receive updates↗, / and submit your resume / with a single click. / Additionally↗, / our resources and database / can help you promote yourself to employers / who may be interested in your work skills.

여러분의 취업을 돕는 USC 취업 지원 센터에 오신 것을 환영합니다. 오늘은 새로운 채용 데이터베이스를 소개하고자 합니다. 이 데이터베이스를 사용하여 단 한 번의 클릭으로 일자리를 검색하고, 최신 정보를 받아보거나, 이력서를 제출할 수 있습니다. 또한, 저희의 자원과 데이터베이스는 여러분이 자신의 직무 기술에 관심이 있을 수 있는 고용주들에게 자신을 홍보하는 데 도움을 줄 수 있습니다.

강세 / 끊어 읽기 ↗ 올려 읽기

고득점 포인트

• 아래 단어의 발음에 주의하세요.

you can use: 동사 use를 조동사 can보다 강하게 발음

search for jobs: for를 강하게 읽어 four jobs처럼 들리지 않도록 주의하기

submit: 두 번째 음절인 -mit에 강세를 둠

additionally: 첫 번째 음절을 '애'가 아닌 '어'로 발음

resources: s소리를 두 번 연속해서 발음

Q2 인물 소개

Thanks for joining us at Community Radio. / Our next guest is Dr. Naomi Evans↗,
/ who has a new book about maintaining a balanced lifestyle. / Dr. Evans has
been a leading figure / in the field of emotional stability / and mental wellness.
/ She has authored numerous books about brain health↗, / mind control
techniques↗, / and relieving stress. / Dr. Evans↗, / thank you for joining us today.

커뮤니티 라디오에 참여해 주셔서 감사합니다. 다음 게스트는 균형 잡힌 생활습관 유지에 관한 새 책을 출간한 나오미 에반스 박사입니다. 에반스 박사는 정서적 안정과 정신 건강 분야의 선도적인 인물입니다. 그녀는 뇌 건강, 마음을 다스리는 기술, 그리고 스트레스 해소에 관한 다수의 책을 집필했습니다. 에반스 박사님, 오늘 함께해 주셔서 감사합니다.

강세 / 끊어 읽기 / 올려 읽기

고득점 포인트

• 아래 단어의 발음에 주의하세요.

radio: 첫 번째 음절을 '라'가 아닌 '래'로 발음하기

maintaining: 두 번째 음절인 ta에 강세를 둠

stability: 두 번째 음절인 bi에 강세를 두며, 첫 음절을 스테이-가 아닌 스터-로 발음하기

techniques: 두 번째 음절인 ni에 강세를 둠

Questions 3-4

Q3

주요 대상

- 사진 가운데의 여자
- 사진 왼쪽의 메모지와 문서
- 사진 오른쪽의 두 사람

장소	I think this picture was taken in a modern meeting room. 이 사진은 현대적인 회의실에서 찍힌 것 같습니다.
대상 1	In the middle of the picture, a woman wearing a purple T-shirt is giving a presentation. 사진의 가운데에, 보라색 티셔츠를 입은 한 여자가 발표를 하고 있습니다. It seems like she is explaining the memos and documents on the wall. 그녀는 벽에 붙어있는 메모지와 문서를 설명하는 것처럼 보입니다.
대상 2	On the right side of the picture, two people are listening to her while sitting in chairs. 사진의 오른쪽에, 두 사람이 의자에 앉아 그녀의 설명을 듣고 있습니다.

어휘   modern 현대적인, 최신의 memo 메모지

고득점 포인트

복수명사의 정확한 사용

마지막 문장에서 while sitting in a chair라고 말하면 두 사람이 한 의자에 함께 앉아 있다는 의미가 될 수 있어 문법적으로 어색합니다. 각자 다른 의자에 앉아 있다는 점을 강조하기 위해 while sitting in chairs라고 하는 것이 적절합니다.

Q4

주요 대상

- 사진 오른쪽의 남자
- 사진 왼쪽의 자전거를 타는 남자
- 사진 배경의 사람들

장소	I think this picture was taken in an alley. 이 사진은 골목에서 찍힌 것 같습니다.
대상 1	On the right side of the picture, a man wearing a white shirt is walking on the sidewalk. 사진의 오른쪽에, 흰 셔츠를 입은 남자가 인도를 걷고 있습니다.
대상 2	On the left side, another man is riding a bicycle. 사진의 왼쪽에, 또 다른 남자가 자전거를 타고 있습니다.
대상 3	In the background, some people are gathered at the entrance of a restaurant. 사진의 배경에, 몇몇 사람들이 식당의 입구에 모여 있습니다. It seems like they are waiting to enter the restaurant. 그들은 식당에 들어가기 위해 기다리는 것 같습니다.

어휘 alley 골목 be gathered 모여 있다

고득점 포인트

교통수단 이용에 관련된 표현

동사	주로 사용되는 상황	대표 교통 수단
ride	탈 것 위에서 직접 운전할 때	bicycle, motorcycle
drive	차량을 직접 운전할 때	car
take	대중교통을 이용해서 이동할 때	taxi, subway, bus, airplane, train

Questions 5-7

Imagine that a Canadian lifestyle magazine is preparing an article on transportation options. You have agreed to participate in a telephone interview about bicycling.

캐나다의 한 라이프스타일 잡지가 교통수단에 관한 기사를 준비 중이라고 가정해보세요. 당신은 자전거 타기에 대한 전화 인터뷰에 참여하기로 동의하였습니다.

| Q5 | How often do you ride a bicycle and why? |
| | 당신은 자전거를 얼마나 자주 타시나요? 그 이유는 무엇인가요? |

| A5 | I rarely ride a bicycle because it is difficult to make time to ride a bicycle these days. |
| | 요즘에는 자전거를 타기 위한 시간을 내기가 어려워서 거의 타지 않습니다. |

| Q6 | Do you ride a bicycle when you want to go around the city? Why or why not? |
| | 시내를 돌아다니고 싶을 때 자전거를 타나요? 그 이유는 무엇인가요? |

| A6 | I don't ride a bicycle when I want to go around the city. It's because there are too many people and cars on the street. |
| | 저는 시내를 돌아다니고 싶을 때 자전거를 타지 않습니다. 왜냐하면 거리에 사람과 차가 너무 많기 때문입니다. |

| Q7 | Do you think it is a good idea to provide a separate lane for bicycle riders? Why or why not? |
| | 자전거 타는 사람들을 위한 별도의 차선을 마련하는 것이 좋은 아이디어라고 생각하시나요? 그 이유는 무엇인가요? |

A7	시작	I think it is a good idea to provide a separate lane.	
		별도의 차선을 마련하는 것이 좋은 아이디어라고 생각합니다.	
	이유 1 + 추가 문장	It's because we can ride a bicycle more safely.	So, it is possible to reduce bicycle accidents.
		왜냐하면 우리가 더 안전하게 자전거를 탈 수 있기 때문입니다.	그래서 자전거 사고를 줄일 수 있습니다.
	이유 2 + 추가 문장	Also, the number of bicycle riders could increase.	So, it is possible to reduce traffic congestion in the city.
		또한, 자전거 이용자의 수가 늘어날 수 있습니다.	그래서 도시의 교통 체증을 줄일 수 있습니다.

Q5 빈도부사의 강도 비교

rarely ▷ sometimes ▷ often ▷ frequently ▷ usually ▷ always
드물게   가끔   자주   자주   보통   항상

Q7 traffic congestion vs traffic jam

traffic congestion은 교통의 흐름이 느린 상황을 말하지만 traffic jam은 차량이 거의 움직이지 않고 교통이 완전히 막힌 상황을 나타냅니다.

Q6 시내에서 자전거를 타는 이유

I can travel faster than walking. 저는 걷는 것보다 더 빨리 이동할 수 있습니다.

Q7 '좋은 아이디어가 아님' 입장의 이유와 추가 문장

이유 1 + 추가 문장	It's because there are not many bicycle riders in my city. 왜냐하면 저희 도시에는 자전거 타는 사람들이 많지 않기 때문입니다.	So, it could be a waste of taxes. 그래서 세금의 낭비일 수 있습니다.
이유 2 + 추가 문장	Also, the roads might become narrower because of the bicycle lanes. 또한, 자전거 차선 때문에 도로가 더 좁아질 수 있습니다.	So, it might cause traffic congestion. 그래서 교통체증을 유발할 수 있습니다.

아래 표현을 영어로 소리 내어 말해보거나 작성해 보고 본문 p.207에서 모범 답안을 확인하세요.

시간을 내다	사고를 줄이다	교통 체증
더 빨리 이동하다	세금의 낭비	~을 유발하다

Questions 8-10

프로그램 일정

	비스타시 연례 축제	
	6월 21일, 리버사이드 공원	
	입장권: 15달러 (성인) / 8달러 (12세 이하 어린이)	
시간	**프로그램**	**장소**
오전 9:00 — 10:20	페이스 페인팅 이벤트	공원 입구
오전 10:30 — 11:00	인형극 "왕과 나"	가족 홀
오전 11:15 — 오후 12:30	요리 대회 (6월 15일까지 등록 필요)	가족 홀
오후 1:30 — 2:00	콘서트: 클린턴 청소년 밴드	주 무대
오후 2:30 — 3:00	마술 공연: 폴 캐시	주 무대
오후 3:15 — 4:00	콘서트: 비스타시 오케스트라	주 무대

Hi, I heard an advertisement on the radio for the Vista City annual festival. I'm interested in visiting the festival with my family. And I was hoping you could answer a few questions.

안녕하세요, 저는 라디오에서 비스타시 연례 축제에 대한 광고를 들었습니다. 저는 가족과 함께 축제에 방문하고 싶어요. 몇 가지 질문에 대한 답변을 부탁드립니다.

Q8	How much do the tickets cost? 입장권 가격은 얼마인가요?
A8	The tickets cost 15 dollars for adults and 8 dollars for children 12 and under. 성인은 15달러, 12세 이하 어린이는 8달러입니다.
Q9	I want to participate in the cooking contest. Can I participate in it without any registration? 저는 요리 대회에 참가하고 싶습니다. 등록 없이 참가할 수 있나요?
A9	I'm sorry, but registration is required by June 15th for the cooking contest. 죄송하지만 요리 대회는 6월 15일까지 등록이 필요합니다.

Q10	I'm really interested in the musical concerts at the festival. Could you please give me the details of the concerts? 저는 축제의 음악 콘서트에 관심이 많습니다. 콘서트에 대한 자세한 정보를 알려주실 수 있나요?
A10	There are two scheduled musical concerts. First, there will be a concert by Clinton Youth Band on the main stage at 1:30 P.M. Second, another concert by Vista City Orchestra is scheduled on the main stage at 3:15 P.M. 두 개의 음악 콘서트가 예정되어 있습니다. 첫 번째로, 클린턴 청소년 밴드의 콘서트가 주 무대에서 오후 1시 30분에 있을 예정입니다. 두 번째로, 비스타시 관현악단의 콘서트가 주 무대에서 오후 3시 15분에 예정되어 있습니다.

고득점 포인트

Q9 답변의 I'm sorry, but 대신 Unfortunately,로 답변을 시작할 수 있습니다.

Q10 겹치는 표현 설명하기

두 항목에 겹치는 표현이 있는 경우, 이를 시작 문장에 포함하거나 두 번째 항목에서 다르게 언급할 수 있습니다.

시작 문장에 포함	There are two scheduled musical concerts on the main stage. 주 무대에서 두 개의 음악 콘서트가 예정되어 있습니다. (이어지는 두 항목에서는 on the main stage를 언급하지 않습니다)
두 번째 항목에서 다르게 언급	Second, another concert by Vista City Orchestra is scheduled at the same place at 3:15 P.M. 두 번째로, 같은 장소에서 오후 3시 15분에 비스타시 관현악단의 또 다른 콘서트가 예정되어 있습니다.

추가 연습 문제 (10번)

Q Could you explain the details of the programs scheduled before the cooking contest?
요리 대회 전에 예정된 프로그램의 세부 내용을 설명해 주시겠습니까?

A There are two scheduled programs. First, a face painting event is scheduled at the park entrance from 9 to 10:20 A.M. Second, there will be a puppet show titled "King and I" in the family hall from 10:30 to 11 A.M.
두 개의 예정된 프로그램이 있습니다. 첫째, 오전 9시부터 10시 20분까지 공원 입구에서 페이스 페인팅 행사가 예정되어 있습니다. 둘째, 오전 10시 30분부터 11시까지 가족 홀에서 "왕과 나" 라는 제목의 인형극이 열릴 예정입니다.

Question 11

일상 생활

Which of the following is likely to decrease the most in cities over the next ten years?

Choose one of the options below and give reasons or examples to support your opinion.

• Public libraries • Schools • Banks

다음 중 향후 10년 동안 도심지에서 가장 많이 줄어들 가능성이 있는 것은 무엇입니까?

아래의 선택지 중 하나를 고른 뒤, 당신의 의견을 뒷받침할 이유나 예시를 제시하세요.

• 공공도서관 • 학교 • 은행

답변 아이디어 만들기

아래 예시를 참고해서 답변 아이디어를 완성해 보세요.

입장	공공도서관		이유	종이책을 읽는 사람들의 수가 줄어들고 있음 그래서 사람들이 책을 빌리기 위해 공공도서관에 가지 않음
부정적 예시		도입		공공도서관에 자주 방문했던 어린 시절의 경험 소개
		전개		전자책을 사용하는 현재의 독서 습관 설명
		결과		그로 인한 부정적인 결과

만점 답변

시작		I think public libraries are likely to decrease the most in cities. 저는 도시에서 공공도서관이 가장 많이 줄어들 것으로 예상됩니다.
이유		Most of all, the number of people reading print books is decreasing. 무엇보다, 종이책을 읽는 사람들의 수가 줄어들고 있습니다. So, people don't go to public libraries to borrow books anymore. 그래서 사람들은 더 이상 책을 빌리기 위해 공공도서관에 가지 않습니다.
부정적 예시	도입	When I was an elementary school student, I often went to a public library to borrow books. 제가 초등학생이었을 때, 저는 공공도서관에 책을 빌리러 자주 갔습니다.
	전개	But nowadays, I read e-books on my iPad. 하지만 요즘에는 아이패드로 전자책을 읽습니다.
	결과	As a result, I rarely visit public libraries these days. 그 결과, 요즘은 공공도서관을 거의 방문하지 않습니다.

추가 아이디어 연습

제시된 아이디어를 이용해서 다시 한번 답변해 보세요.

입장		학교	이유	아이들의 수가 줄어들고 있음
부정적 예시	도입	학생 수가 많았던 어린 시절의 수업 환경 소개		
	전개	줄어드는 한국의 출산율 설명		
	결과	그로 인한 부정적인 결과		

단점		Most of all, the number of children in Korea is decreasing fast. 무엇보다도, 한국의 아이들 수가 빠르게 감소하고 있습니다.
부정적 예시	도입	When I was an elementary school student, there were over 40 students in my classroom. 제가 초등학생이었을 때, 우리 교실에는 40명이 넘는 학생들이 있었습니다.
	전개	However, the birth rate in Korea is very low these days. 하지만 요즘 한국의 출산율은 매우 낮습니다.
	결과	As a result, nowadays, there are fewer than 20 students in each class at my old school. 그 결과, 요즘에는 제가 다녔던 학교의 각 교실에 학생이 20명도 안 됩니다.

고득점 포인트

· 형태가 같은 형용사와 부사

단어	예문	주의해야 할 단어
fast	형 She bought a fast car. 그녀는 빠른 차를 샀습니다. 부 He walks fast. 그는 빨리 걷습니다.	fastly라는 단어는 없습니다.
hard	형 This is a hard question. 이것은 어려운 질문입니다. 부 She studied hard. 그녀는 열심히 공부했습니다.	부 hardly 거의 ~하지 않다
late	형 We had a late dinner. 우리는 늦은 저녁식사를 했습니다. 부 He arrived late. 그는 늦게 도착했습니다.	부 lately 최근에

필수 표현 리뷰

아래 표현을 영어로 소리 내어 말해보거나 작성해 보고 본문 p.207에서 모범 답안을 확인하세요.

내 아이패드로	아이들의 수	출산율

실전 모의고사 14

MP3 AT14 1-11

Questions 1-2

Q1 광고

Are you worried about your valuables getting damaged / when you travel↗? / Worry no more↘, / because now you can purchase the ShieldPro Bag. / This durable / and waterproof travel case / protects your jewelry↗, / mobile phone↗, / and other important items from damage. / What's more↗, / it comes in a variety of unique colors / and sizes. / Buy your ShieldPro Bag today↗ / and keep your valuables safe!

여행 중 귀중품이 파손될까봐 걱정되시나요? 이제 쉴드프로 가방을 구입할 수 있으니 더 이상 걱정하지 마세요. 이 내구성과 방수 기능이 뛰어난 여행용 가방은 귀중품, 휴대전화 및 기타 중요한 물품을 손상으로부터 보호합니다. 더군다나, 이 가방은 다양하고 독특한 색상과 크기로 제공됩니다. 지금 바로 쉴드프로 가방을 구매하고 귀중품을 안전하게 보관하세요!

강세 / 끊어 읽기 ╱ 올려 읽기

고득점 포인트

• 아래 단어의 발음에 주의하세요.

  travel: trouble처럼 들리지 않도록 입을 양 옆으로 당겨서 발음하기

  purchase: 두 번째 음절을 체이스가 아닌 쳐스로 발음하기

• 제품의 특징을 강조하는 아래 단어들에 강세를 두어 읽기

  durable, waterproof, protect, unique colors

Q2 안내방송

Ladies **and** gentlemen↗, / welcome **to** tonight's performance / **featuring the** city's **best actors↗**, / musicians↗, / **and** dancers. / **While you are** watching **the** performance↗, / **please keep in** mind / **that taking** pictures **is not allowed.** / In addition↗, / **we request** / **that you keep your** mobile phones switched off / **at all** times. / Thank **you for your** cooperation.

신사 숙녀 여러분, 도시 최고의 배우, 음악가, 그리고 무용수들이 출연하는 오늘 밤 공연에 오신 것을 환영합니다. 공연을 관람하시는 동안 사진 촬영은 금지되어 있다는 점에 유의해주시기 바랍니다. 또한, 휴대폰은 항상 전원을 꺼 두시기 바랍니다. 협조해 주셔서 감사합니다.

강세 / **끊어 읽기** / 올려 읽기

고득점 포인트

- 정중하면서도 관객을 환영하는 따뜻한 어조로 읽어주세요.
- 아래 단어의 발음에 주의하세요.
  performance: 자음 p와 f에 주의하며 천천히 발음하기
  cooperation: 두 번째 음절 o에 강세를 두며, '오'가 아닌 '아'에 가까운 소리로 발음하기
- switched off를 발음할 때 switched의 끝 소리 d와 off의 첫 소리 o가 자연스럽게 연결되도록 발음하세요.

Questions 3-4

Q3

주요 대상

- 사진 가운데의 남자와 아이
- 사진 왼쪽의 여자와 아이

장소	I think this picture was taken on a trail. 이 사진은 산책로에서 찍힌 것 같습니다.
대상1	In the middle of the picture, a man is helping his son ride a small bicycle. 사진의 가운데에, 한 남자가 아들이 작은 자전거를 타는 것을 도와주고 있습니다.
대상2	On the left side of the picture, a woman wearing a red jacket is holding another child in her arms. 사진의 왼쪽에, 빨간색 재킷을 입은 여자가 다른 아이를 팔에 안고 있습니다.
의견	It seems like the weather is chilly because they are dressed warmly. 그들이 따뜻하게 입고 있는 것으로 보아 날씨가 쌀쌀한 것 같습니다.

어휘 trail 시골길, 비포장 산책로 chilly 쌀쌀한

고득점 포인트

동사 help의 문법적 사용

동사 help는 목적어 뒤에 동사 원형이 올 수 있습니다.

A woman is helping a man hang the picture frame. 한 여자가 남자가 액자를 거는 것을 돕고 있습니다.
　　　　　　　　　　목적어　동사원형

She helped them carry the boxes. 그녀는 그들이 상자를 나르는 것을 도와주었습니다.
　　　　　　목적어　동사원형

Q4

주요 대상

- 사진 왼쪽의 남자
- 남자 뒤의 쓰레기통
- 사진 오른쪽의 자전거와 기둥

장소	I think this picture was taken at a crosswalk. 이 사진은 횡단보도에서 찍힌 것 같습니다.
대상 1	On the left side of the picture, a man wearing a brown jacket is standing at a crosswalk. 사진의 왼쪽에, 갈색 재킷을 입은 남자가 횡단보도에 서 있습니다. It seems like he is waiting for the green light. 그는 녹색 신호를 기다리는 것 같습니다.
대상 2	Behind him, I can see a black trash can. 그의 뒤에, 검정색 쓰레기통이 보입니다.
대상 3	On the right side of the picture, a bicycle is tied to a pole. 사진의 오른쪽에, 자전거가 기둥에 묶여 있습니다.

어휘   crosswalk 횡단보도 trash can 쓰레기통 tie 묶다, 매다 pole 기둥

고득점 **포인트**

거리 사진에서 자주 등장하는 대상

street light	가로등	street tree	가로수	traffic light	신호등
street sign	교통 표지판	bus stop	버스 정류장	taxi stand	택시 승강장
mailbox	우체통	street performer	거리 공연자	street vendor	노점상

Questions 5-7

Imagine that a local press company is conducting research in your country to collect information for an article. You have agreed to participate in a telephone interview about conversation.

한 현지 언론사가 기사를 위해 당신의 나라에서 조사를 하고 있다고 가정해보세요. 당신은 대화에 관한 전화 인터뷰에 참여하기로 동의하였습니다.

Q5	When you meet your friends, where do you usually go, and what do you normally talk about? 친구들을 만나면 주로 어디로 가고, 어떤 이야기를 하나요?		
A5	When I meet my friends, we usually go to a café, and we normally talk about our jobs. 친구들을 만날 때 우리는 보통 카페에 가고, 주로 우리의 직업에 대해 이야기합니다.		
Q6	When talking with your friends, do you prefer sending text messages or making phone calls? 친구들과 대화할 때, 문자 메시지를 보내는 것과 통화를 하는 것 중 어느 것을 더 선호하나요?		
A6	I prefer sending text messages. It's because we use a lot of emojis during our conversation. 저는 문자 메시지를 보내는 것을 선호합니다. 왜냐하면 대화 중에 이모티콘을 많이 사용하기 때문입니다.		
Q7	Who is your favorite person to have a conversation with? Why? 당신이 가장 좋아하는 대화 상대는 누구인가요? 그 이유는 무엇인가요?		
A7	시작	My favorite person to have a conversation with is my best friend named Sang-Soo. 제가 대화하기 가장 좋아하는 사람은 제 가장 친한 친구인 상수입니다.	
	이유1 + 추가 문장	It's because we have the same hobbies. 왜냐하면 우리는 같은 취미를 가지고 있기 때문입니다.	So, we have a lot to talk about. 그래서 우리는 대화할 것이 많습니다.
	이유2 + 추가 문장	Also, he is very smart. 또한, 그는 매우 똑똑합니다.	So, he gives me a lot of useful advice. 그래서 그는 저에게 많은 유용한 조언을 해줍니다.

Q5 When you meet your friends에서 when은 의문사가 아니라 접속사로 사용되어 '~할 때'라는 의미를 갖습니다.
접속사 when 뒤에는 동사가 아닌 주어가 옵니다.

Q6 emoji vs. emoticon

emoji: 이모지는 작은 그림이나 아이콘 형태로 다양한 감정, 사물, 음식 등을 시각적으로 표현합니다. 우리가 이모티콘이라고 부르는 것이 이모지입니다.

emoticon: 영어단어 emotion과 icon의 합성어로 키보드로 입력할 수 있는 문자와 기호를 조합해서 감정이나 표정을 표현한 것입니다. (⑩: ^^, :D)

Q7 과거분사 named

과거분사 called와 마찬가지로 '~라고 불리는'이라는 의미입니다. 앞의 명사 friend를 수식하며 문장 내에서 명사 + named + 고유명사 구조로 사용됩니다.

Q6 **통화를 선호하는 이유**

We can chat more quickly. 우리는 더 빨리 대화할 수 있습니다.

Q7 **추가 아이디어**

이유 + 추가 문장	It's because he is very funny. 왜냐하면 그는 매우 재밌는 사람이기 때문입니다.	So, I can relieve stress while hanging out with him. 그래서 그와 함께 시간을 보내며 스트레스를 풀 수 있습니다.

아래 표현을 영어로 소리 내어 말해보거나 작성해 보고 본문 p.207에서 모범 답안을 확인하세요.

~라고 불리는, ~라는 이름의	유용한 조언을 하다
웃긴, 사람들을 웃게 만드는	그와 함께 어울리며 시간을 보내다

Actual Test 14

Questions 8-10

개인 일정

매그니피센트 모멘트
맨디 쿠퍼의 일일 일정, 이벤트 기획자 (5월 23일)

오전 9시	그랜드뷰 호텔 현장 점검
오전 11시	레이첼 그린에게 전화 - 결혼식 일정 논의
오전 11시 30분	화상 회의 - 프레젠테이션: 웨스트필드 대학교 졸업식
오후 2시	회의 (앤드류 시먼스, 퓨어 키친 케이터링) - 메뉴 가격 논의
오후 4시	카멜리아 꽃 시장 방문 - 꽃 샘플 수령하기

Hi, this is Mandy. I haven't received my schedule for May 23rd yet. Can I ask you a few questions to confirm some details?

안녕하세요, 저는 맨디입니다. 저는 아직 5월 23일 일정을 받지 못했습니다. 몇 가지 사항을 확인하기 위해 몇 가지 질문을 드려도 될까요?

Q8	What is my first appointment, and what time does it start? 저의 첫 번째 일정은 무엇이며, 몇 시에 시작하나요?
A8	You have a site inspection at Grandview Hotel at 9 A.M. 당신은 오전 9시에 그랜드뷰 호텔에서 현장 점검을 합니다.
Q9	I understand that I am visiting Westfield University in person to give a presentation. Is that correct? 제가 웨스트필드 대학교에 직접 방문하여 프레젠테이션을 할 예정인 것으로 알고 있습니다. 맞나요?
A9	I'm sorry, but you have the wrong information. You are going to have a video conference to give the presentation at 11:30 A.M. 죄송하지만, 잘못 알고 계십니다. 당신은 오전 11시 30분에 화상 회의로 프레젠테이션을 할 예정입니다.

Q10	I know I have things to do in the afternoon. Could you tell me the schedule for after lunch? 오후에 제가 해야 할 일이 있습니다. 점심 이후 일정을 알려줄 수 있나요?
A10	There are two scheduled appointments. First, you have a meeting with Andrew Simmons from Pure Kitchen Catering to discuss the menu pricing at 2 P.M. Second, you are going to visit Camelia Flower Market to pick up the flower samples at 4 P.M. 두 가지 일정이 있습니다. 첫 번째로, 오후 2시에 퓨어 키친 케이터링의 앤드류 시먼스와 메뉴 가격을 논의하기 위한 회의가 있습니다. 두 번째로, 오후 4시에 카멜리아 꽃 시장을 방문하여 꽃 샘플을 수령할 예정입니다.

고득점 포인트

개인 일정 유형에서는 다음의 내용을 준비 시간에 미리 확인해두세요.

1. 직무 확인하기 : 일정표의 상단에서 질문자의 담당 직무를 미리 확인하여 맥락에 맞는 동사를 선정할 수 있습니다.
2. 동사 선정하기 : 한 세션이 동사없이 명사로만 이루어진 경우, 맨 앞에 올 동사를 미리 선정하세요.
3. 연결어 선정하기 : 각 세션의 여러 항목을 이어주기 위한 연결어를 선정하세요. 주로 전치사가 사용됩니다.

추가 연습 문제 (9번)

Q Is it possible to start the video conference scheduled for the morning 30 minutes earlier?

오전에 예정된 화상 회의를 30분 일찍 시작할 수 있을까요?

A I'm sorry, but you are already scheduled to call Rachel Green at 11 A.M. So, it might be difficult.

죄송하지만, 이미 오전 11시에 레이첼 그린과 통화할 일정이 잡혀 있습니다. 그래서 어려울 것 같습니다.

Question 11

직장 생활

When training new employees, some companies make them work with experienced employees. On the other hand, some companies provide online training videos. Which training method is more effective and why?

Give reasons and examples to support your opinion.

신입 사원들을 교육시킬 때, 어떤 회사들은 그들을 경험이 많은 직원들과 함께 일하게 합니다. 반면, 어떤 회사들은 온라인 교육 영상을 제공합니다. 어떤 교육 방법이 더 효과적이며, 그 이유는 무엇인가요?

당신의 의견을 뒷받침하기 위한 이유나 예시를 제시하세요.

답변 아이디어 만들기

아래 예시를 참고해서 답변 아이디어를 완성해 보세요.

입장	경험이 많은 직원들과 일하기	이유	그들에게서 실용적인 지식과 스킬을 배울 수 있음 그래서 우리는 업무에 빠르게 적응할 수 있음
긍정적 예시	도입		경험이 많은 직원과 함께 일하게 된 상황 소개
	전개		함께 일하면서 발생한 점 설명
	결과		그로 인한 긍정적인 결과

만점 답변

시작		I think it is more effective to work with experienced employees. 저는 경험이 많은 직원들과 함께 일하는 것이 더 효과적이라고 생각합니다.
이유		Most of all, we can learn practical knowledge and skills from them. 무엇보다도, 우리는 그들에게서 실용적인 지식과 스킬을 배울 수 있습니다. So, we can adapt to our work quickly. 그래서 우리는 업무에 빠르게 적응할 수 있습니다.
긍정적 예시	도입	When I was a college student, I had a chance to work part-time at a café. 제가 대학생이었을 때, 저는 카페에서 아르바이트를 할 기회가 있었습니다. And I got to work with a very experienced part-timer. 그리고 저는 매우 경험이 많은 아르바이트생과 함께 일하게 되었습니다.
	전개	While working together, she taught me useful skills for making beverages easily. 함께 일하면서 그녀는 음료를 쉽게 만드는 유용한 스킬을 가르쳐 주었습니다.
	결과	As a result, I got used to my work quickly. 그 결과, 저는 빠르게 일에 익숙해졌습니다.

제시된 아이디어를 이용해서 다시 한번 답변해 보세요.

입장	온라인 교육영상 제공하기	이유	편안한 환경에서 업무 스킬을 배울 수 있음 또한, 우리는 업무 스킬을 반복해서 연습할 수 있음
부정적 예시	도입	경험이 많은 직원과 함께 일하게 된 상황 소개	
	전개	그로부터 업무 스킬을 배우기 어려웠던 이유 설명	
	결과	그로 인한 부정적인 결과	

이유	Most of all, we can learn work skills in a comfortable environment. 무엇보다도, 우리는 편안한 환경에서 업무 스킬을 배울 수 있습니다. Also, we can practice the skills repeatedly. 또한, 우리는 스킬을 반복해서 연습할 수 있습니다.	
부정적 예시	도입	When I was an intern at an IT company, I received training from an experienced employee. 제가 IT 회사에서 인턴으로 일할 때, 저는 경력직 사원으로부터 트레이닝을 받았습니다.
	전개	However, it was uncomfortable to ask him questions because he was very busy. 그런데, 그는 매우 바빠서 질문하기가 불편했습니다. Also, I was not able to practice work skills in advance. 또한, 저는 업무 스킬을 미리 연습할 수 없었습니다.
	결과	As a result, it took me a long time to get used to my work. 그 결과, 저는 일에 익숙해지는 데 오랜 시간이 걸렸습니다.

고득점 포인트

고수의 영작 기술 - 유용한 구문 두 가지

• get to + 동사원형: ~할 기회를 얻다

  I got to travel to Europe. 저는 유럽을 여행할 기회를 얻었습니다.

• It takes 목적어 a long time to + 동사원형: ~하는데 시간이 오래 걸리다

  It took her a long time to commute. 그녀는 출퇴근하는 데 시간이 오래 걸렸습니다.

필수 표현 리뷰

아래 표현을 영어로 소리 내어 말해보거나 작성해 보고 본문 p.207에서 모범 답안을 확인하세요.

실용적인 지식	~에 적응하다	~할 기회가 있다
~에 익숙해지다	트레이닝을 받다	내가 ~하는데 오랜 시간이 걸리다

실전 모의고사 15

Questions 1-2

Q1 자동응답 메시지

Thank **you for calling** Geodis Shipping **and** Delivery↗, / **the solution for** all **your** shipping needs. / **Please listen** carefully **to the following** options. / **For** package tracking information↗, / **please press** one. / **For** more **information on** shipping rates↗, / delivery times↗, / **and** store locations, / **please press** two. / **If you'd like to speak with a** customer service representative↗, / **please press** three.

여러분의 모든 배송 요구사항에 대한 해결책인 지오디스 배송 및 운송 서비스에 전화 주셔서 감사합니다. 다음 선택사항을 주의 깊게 들어주세요. 배송 추적 정보를 원하시면 1번을 누르세요. 배송 요금, 배송 시간, 그리고 매장 위치에 대한 더 많은 정보를 원하시면 2번을 누르세요. 고객 서비스 담당자와 통화하고 싶으시면 3번을 누르세요.

강세 / 끊어 읽기 / 올려 읽기

고득점 포인트

• 고유명사는 천천히 자신감 있게 말하는 연습을 하세요.
• 세 번째와 네 번째 문장의 첫 단어 for를 강하게 읽지 않도록 주의하세요.
• 아래 단어의 발음에 주의하세요.
 option: 첫 번째 음절을 '옵'이 아닌 '압'으로 발음
 tracking: 첫 번째 음절을 입을 양옆으로 당겨서 발음

Q2 행사 안내문

Thank you for attending the publication ceremony for the cookbook / by famous chef Tina Campbell. / In 30 minutes↗, / she will give a talk about her book / and introduce some of her secret recipes. / In the meantime↗, / feel free to read the book↗, / enjoy the recipe samples↗, / or purchase a copy. / After the talk↗, / she will sign copies of the cookbook for guests.

유명 셰프 티나 캠벨의 요리책 출판 기념 행사에 참석해 주셔서 감사합니다. 30분 후, 그녀는 자신의 책에 대해 이야기하고 몇 가지 비밀 레시피를 소개할 예정입니다. 그동안 편하게 책을 읽거나, 레시피 샘플을 즐기거나, 책을 구매하셔도 좋습니다. 강연 후에는 그녀가 참석자들을 위해 요리책에 사인을 해드릴 것입니다.

강세 / 끊어 읽기 ↗ 올려 읽기

고득점 포인트

· 복모음 ee와 ea가 포함된 단어를 길게 발음해주세요.

in the meantime, feel free to read the book

· 마지막 문장처럼 나열된 세 항목의 첫 단어가 동사로 시작하는 경우, 동사에 강세를 두어 읽어주세요.

feel free to read the book, enjoy the recipe samples, or purchase a copy.

· 아래 단어의 발음에 주의하세요.

ceremony: 두 번째 음절을 '레'가 아닌 '러'로 발음

recipe: 두 번째 음절을 '시'가 아닌 '서'로 발음

Questions 3-4

Q3

주요 대상

- 사진 오른쪽의 여자
- 그녀 뒤의 두 남자

장소	I think this picture was taken in a living room. 이 사진은 거실에서 찍힌 것 같습니다.
대상 1	On the right side of the picture, a woman is handing something to another woman while looking into a box. 사진의 오른쪽에, 한 여자가 상자 안을 들여다보면서 다른 여자에게 무언가를 건네고 있습니다. She is wearing a red checkered shirt. 그녀는 빨간 체크 셔츠를 입고 있습니다.
대상 2	Behind them, it seems like two men are hanging a frame on the wall. 그들의 뒤에, 두 남자가 벽에 액자를 걸고 있는 것 같습니다. The man on the left is holding a hammer. 그 중 왼쪽에 있는 남자는 망치를 들고 있습니다.

어휘 hand ~를 건네다 look into ~을 들여다보다 frame 액자

고득점 포인트

- 답변 시간에 여유가 있다면 중간이나 마지막에 개인적 의견을 한 문장 더해주세요.
  It seems like they just moved in. 그들은 막 이사 온 것 같습니다.
- 집 관련 장소 어휘

bedroom	침실	dining room	밥 먹는 장소
staircase	계단	backyard	뒷마당
home office	일하는 공간	veranda	베란다

Q4

주요 대상

• 사진 오른쪽의 남자와 아기

• 사진 왼쪽의 여자

장소	I think this is a picture of a living room. 이 사진은 거실 사진인 것 같습니다.
대상 1	On the right side of the picture, a man is holding a baby while sitting on a chair. 사진의 오른쪽에, 한 남자가 의자에 앉아 아기를 안고 있습니다. The baby is wearing a white striped T-shirt. 아기는 흰색 줄무늬 티셔츠를 입고 있습니다.
대상 2	On the left side, a woman wearing a blue sweater is sitting on the floor. (사진의) 왼쪽에, 파란 스웨터를 입은 여자가 바닥에 앉아 있습니다. It seems like she is smiling at the baby. 그녀는 아기를 보며 미소 짓는 것 같습니다.

어휘 striped 줄무늬가 있는

고득점 포인트

• sit on vs. sit in

sitting on a chair: 나무나 철로 만든 일반적인 크기의 의자에 앉아 있는 경우

sitting in a chair: 등받이가 크고 푹신한 의자에 기대어 앉아 있는 경우

• 세 명 이하의 인물이 등장하는 경우, 인물의 동작을 우선적으로 묘사하세요. 답변 시간이 남으면, 아래와 같이 사물을 추가로 묘사할 수 있습니다.

Next to him, I can see a houseplant and small bookcases. 그의 옆에, 화분과 작은 책장들이 보입니다.

실전 모의고사 15 197

Questions 5-7

Imagine that an Australian housing association is doing research in your area.
You have agreed to participate in a telephone interview about a town where you would like to live.

호주의 한 주택 관련 협회가 당신이 사는 지역에서 조사를 하고 있다고 가정해 보세요.
당신은 살고 싶은 마을에 대해 전화 인터뷰에 참여하기로 동의했습니다.

Q5	How long have you been living in your current house, and who do you live with? 지금 살고 있는 집에서 얼마나 오래 살았나요? 그리고 누구와 함께 살고 있나요?
A5	I have been living in my current house for about 5 years, and I live with my parents. 저는 지금의 집에서 약 5년 정도 살고 있으며, 부모님과 함께 살고 있습니다.
Q6	Do you have a plan to move out in the near future? Why or why not? 가까운 시일 내에 이사할 계획이 있나요? 그 이유는 무엇인가요?
A6	I have a plan to move out in the near future. It's because I'm getting married next year. 저는 가까운 시일 내에 이사할 계획이 있습니다. 왜냐하면 제가 내년에 결혼하기 때문입니다.
Q7	If you were to move to a new home, would you prefer to live in a single-family home or an apartment? 만약 새로운 집으로 이사하게 된다면, 단독주택과 아파트 중 어디에 사는 것을 선호하나요?

A7	시작	I would prefer to live in an apartment. 저는 아파트에서 사는 것을 선호합니다.	
	이유1 + 추가 문장	It's because apartment complexes have various amenities, like a library and a gym. 왜냐하면 아파트 단지에는 도서관이나 헬스장 같은 다양한 편의시설이 있기 때문입니다.	So, it is more convenient to live in an apartment. 그래서 아파트에서 사는 것이 더 편리합니다.
	이유2 + 추가 문장	Also, it is safer to live in an apartment. 또한, 아파트에서 사는 것이 더 안전합니다.	There are many CCTVs and security guards in newer apartment complexes. 새로운 아파트 단지에는 많은 CCTV와 경비원이 있습니다.

고득점 포인트

Q7

- 두 가지 선택지 중 하나를 고르는 경우, 이유를 설명할 때 형용사의 비교급을 사용하면 더 설득력 있는 문장을 만들 수 있습니다.

  It is safer to live in an apartment. 아파트에서 사는 것이 더 안전합니다.

- 현재나 미래의 상황을 가정할때 **If you were to + 동사원형** 구문을 사용합니다.

추가 아이디어 연습

Q6 **이사할 계획이 없는 이유**

- I recently moved to a new house. 저는 최근에 새 집으로 이사했습니다.
- I am satisfied with my current house. 저는 지금의 집에 만족합니다.

Q7 **'단독주택에서 사는 것' 입장의 이유와 추가문장**

이유 1 + 추가 문장	It's because I don't need to worry about noise between floors. 왜냐하면 층간소음을 걱정할 필요가 없기 때문입니다.	So, it's better for raising children. 그래서 아이들을 키우기 더 좋습니다.
이유 2 + 추가 문장	Also, we can live in a larger house. 또한, 우리는 더 큰 집에서 살 수 있습니다.	So, it is possible to have a garden or a backyard. 그래서 우리는 정원이나 뒷마당을 가질 수 있습니다.

필수 표현 리뷰

아래 표현을 영어로 소리 내어 말해보거나 작성해 보고 본문 p.207에서 모범 답안을 확인하세요.

결혼을 하다	아파트 단지	다양한 생활 편의 시설
~에 만족하다	층간소음	아이들을 키우다

Questions 8-10

면접 일정

프레스티지 파이낸셜 어드바이저스
후보자 면접 일정 (6월 15일, 회의실 A)

시간	지원자	직책	현재 근무지
오전 9:00	제인 로버츠	선임 회계사	프라임 파이낸셜 그룹
오전 9:45	마이클 애덤스	재무 분석가	글로벌 마케팅 솔루션즈
오전 11:15	다니엘 테일러	프로젝트 매니저	스텔라 엔터프라이즈
오후 1:45	로버트 밀러	IT 전문가	비저너리 테크 이노베이터스
오후 2:30	그레이스 화이트	재무 분석가	실버 라인 투자회사
~~오후 3:15~~	~~토마스 배어커~~	~~사무실 관리자~~ *취소됨*	~~에어펙스 비즈니스 솔루션즈~~

Hi, I'm Lucy Hou from the Human Resources and I'm interviewing applicants, but I forgot the schedule on my desk. I was hoping you could take a look at it for me.

안녕하세요, 저는 인사팀의 루시 호우입니다. 지원자들과 면접이 있는데, 책상 위에 면접 일정표를 두고 왔습니다. 저 대신 일정을 확인해 주시면 감사하겠습니다.

Q8	What dates are the interviews being held on, and what time does the first interview start? 면접은 며칠에 진행되며 첫 번째 면접은 몇 시에 시작하나요?
A8	The interviews will be held on June 15th, and the first interview starts at 9:00 A.M. 면접은 6월 15일에 진행되며, 첫 번째 면접은 오전 9시에 시작됩니다.
Q9	The last time I checked, there was no one scheduled to be interviewed for the project manager position. Is that right? 마지막으로 확인했을 때, 프로젝트 매니저 직책에 대해 면접이 예정된 사람이 없었는데, 맞나요?
A9	I'm sorry, but there seems to be a misunderstanding. You are scheduled to interview Daniel Taylor for the project manager position at 11:15 A.M. 죄송하지만, 오해가 있으신 것 같습니다. 당신은 오전 11시 15분에 프로젝트 매니저 직책에 지원한 다니엘 테일러와의 면접이 예정되어 있습니다.

Q10	Can you give me the details of the interview schedule for the financial analyst positions? 재무 분석가 직책에 대한 면접 일정의 세부 사항을 알려주실 수 있나요?
A10	There are 2 scheduled interviews. First, you will interview Michael Adams at 9:45 A.M. He is currently working at Global Marketing Solutions. Second, there will be another interview with Grace White at 2:30 P.M. She is employed at Silver Line Investments. 두 개의 면접이 예정되어 있습니다. 먼저, 오전 9시 45분에 마이클 애덤스와 면접을 진행할 예정입니다. 그는 현재 글로벌 마케팅 솔루션즈에서 근무하고 있습니다. 두 번째로, 오후 2시 30분에 그레이스 화이트와의 면접이 있습니다. 그녀는 실버 라인 투자회사에서 일하고 있습니다.

고득점 포인트

Q8 아래의 답변도 가능합니다.

The interviews are scheduled for June 15th, and the first interview will start at 9 A.M.
인터뷰는 6월 15일로 예정되어 있으며, 첫 번째 인터뷰는 오전 9시에 시작됩니다.

Q9 I'm sorry, but you have the wrong information. 대신 I'm sorry, but there seems to be a misunderstanding.
을 이용하면 상대방의 잘못된 정보를 좀 더 정중히 정정할 수 있습니다.

Q10 자주 사용되는 아래의 표현을 학습해두세요.

- 그는 현재 (회사 이름)에 재직 중입니다.
  He is currently working at (회사 이름).
  He is currently employed at (회사 이름).
- 그는 (대학 이름)을 졸업했습니다.
  He studied at (대학 이름).
  He graduated from (대학 이름).
- 그는 (업무 분야)에서 (연수)년의 경력을 가지고 있습니다.
  He has (연수) years of experience in (업무 분야).

추가 연습 문제 (9번)

Q I remember that one of the candidates is currently employed at Apex Business Solutions. Who is it?
저는 지원자 중 한 명이 에이펙스 비즈니스 솔루션즈에 재직 중인 것으로 기억합니다. 누구인가요?

A It is Thomas Baker. But unfortunately, that interview has been canceled.
그 지원자는 토마스 베이커입니다. 하지만 아쉽게도 그 면접은 취소되었습니다.

Question 11

직장 생활

> Which of the following factors is the most important when deciding to choose a job?
> Choose one of the options below and give reasons or examples to support your opinion.
> • The location of the company • Fixed working hours • Long vacation
> 다음 중 직장을 선택할 때 가장 중요한 요소는 무엇입니까?
> 아래의 선택지 중 하나를 고른 뒤, 당신의 의견을 뒷받침할 이유나 예시를 제시하세요.
> • 회사의 위치 • 고정된 근무 시간 • 긴 휴가

답변 아이디어 만들기

아래 예시를 참고해서 답변 아이디어를 완성해 보세요.

입장		회사의 위치	이유	통근에 많은 시간을 낭비하지 않아도 됨
긍정적 예시	도입	통근이 어려웠던 과거의 상황 소개		
	전개	그로 인해 발생한 문제점 설명		
	전환	통근이 편해진 현재의 상황 소개		
	결과	그로 인한 긍정적인 결과		

만점 답변

시작		I think location is the most important when deciding to get a job. 저는 직장을 결정할 때 위치가 가장 중요하다고 생각합니다.
이유		Most of all, we don't have to waste a lot of time on commuting. 무엇보다도, 우리는 통근에 많은 시간을 낭비하지 않아도 됩니다.
긍정적 예시	도입	When I was a new employee, I lived with my parents to save on living expenses. 제가 신입사원이었을 때, 생활비를 절약하기 위해 부모님과 함께 살았습니다.
	전개	However, it took almost two hours to go to work. 그러나 출근하는 데 거의 두 시간이 걸렸습니다.
	전환	So, I moved to a studio near my company. 그래서, 저는 회사 근처의 원룸으로 이사했습니다.
	결과	As a result, I was able to get more sleep and have more personal time after work. 그 결과, 저는 더 오래 잘 수 있었고 퇴근 후에 더 많은 개인 시간을 가질 수 있었습니다.

제시된 아이디어를 이용해서 다시 한번 답변해 보세요.

입장	고정된 근무 시간	이유	우리는 규칙적인 생활을 할 수 있음 또한, 일과 삶의 균형을 유지하는데 도움이 됨
부정적 예시	도입	직장인 친구 소개	
	전개	그녀의 근무 시간이 자주 변동됨	
	결과	그로 인해 발생한 부정적인 결과	

이유	Most of all, we can maintain a regular routine. 무엇보다도, 우리는 규칙적인 생활을 할 수 있습니다. Also, it is helpful to maintain a work-life balance. 또한, 일과 삶의 균형을 유지하는데 도움이 됩니다.
부정적 예시	도입 — In the case of my close friend, she worked at a famous IT company. 제 친한 친구의 경우, 그녀는 유명한 IT 회사에서 일했습니다. 전개 — However, her work schedule changed often. 하지만 그녀의 근무 일정이 자주 바뀌었습니다. 결과 — So, it was difficult for her to make plans after work. 그래서 그녀는 퇴근 후의 계획을 짜기가 어려웠습니다. In fact, she rarely made appointments to meet her friends. 실제로 그녀는 친구들과 만날 약속을 거의 잡지 않았습니다.

고득점 포인트

답변 아이디어가 떠오르지 않는 경우, 다음과 같이 시작 문장을 늘려주세요. 시간을 벌 수 있을 뿐 아니라, 긴장을 완화하는 데도 도움이 됩니다.

> **I haven't thought about this issue because + [셋 중 택일]. However, + 시작 문장**
> 저는 [셋 중 택일]이기 때문에 이 주제에 대해 생각해 본 적이 없습니다. 하지만, + 시작 문장

- (명사)가 없음   I don't have (a pet). 저는 애완동물이 없습니다.
- (명사)를 사용하지 않음   I don't use (SNS). 저는 SNS를 사용하지 않습니다.
- 나는 아직 (명사)임   I'm still (a university student). 저는 아직 대학생입니다.

필수 표현 리뷰

아래 표현을 영어로 소리 내어 말해보거나 작성해 보고 본문 p.207에서 모범 답안을 확인하세요.

규칙적인 생활을 하다	일과 삶의 균형을 유지하다	약속을 잡다

필수 표현 리뷰 모범 답안

Actual Test 1

Q5-7
take notes, lose interest in, avoid wasting money, suit my taste
for free, in advance, useful, disappointing

Q11
tiring, concentrate on studying, work part-time, on weekdays
fall asleep in class, get(receive) good grades, during the midterm exams, don't have enough time

Actual Test 2

Q5-7
regardless of time, late at night, get tired of, repeat the same exercise
exercise equipment, a pair of shoes, enjoy views, boring

Q11
get a high-quality education, competitive, run a business, have difficulty in -ing

Actual Test 3

Q5-7
various local foods, take pictures of, post pictures on my Instagram
quit my job, make travel plans, tourist attractions

Q11
reduce mistakes, by email, get confused, it takes a long time to

Actual Test 4

Q5-7
once or twice a year, be connected to, in person, hold
excellent facilities, book the tickets, sold out, crowded

Q11

a variety of tasks, useful work skills, in a flexible environment, express opinions

Actual Test 5

Q5-7

go camping, join a club, camping site, open
rest in a quiet environment, coordinate the schedule, get a job, outdoor activities

Q11

rent a good location, maintain a business, called, afford to
close, large company, benefits, job seeker

Actual Test 6

Q5-7

on a daily basis, long-lasting, fancy
on a special occasion, burden, early in the morning

Actual Test 7

Q5-7

once every two years, durable, carry, well-known brand

Q11

relieve stress from studying, be under a lot of stress,
make many friends

Actual Test 8

Q5-7

unique, hands-on activity, get hungry
walk around, be bored, rest area

Q11

essential, staff lounge, feel uncomfortable, train them

Actual Test 9

Q5-7

suitable music for me, old music, used to 동사
while studying, stop, distract

Q11

professionally, repeatedly, stop doing yoga

Actual Test 10

Q5-7

study grammar hard, practice speaking, speaking apps using AI
helpful for work, study abroad, be interested in

Q11

study in a comfortable environment,
commute conveniently, waste a lot of time commuting

Actual Test 11

Q5-7

less than once a year, relieve stress from our daily lives, have a fun time
wait for hours, it costs a lot, admission fees

Q11

travel leisurely, for nine days, busy taking pictures
regret, save money on travel expenses, transportation costs

Actual Test 12

Q5-7
two or three times a week, after work, walk anywhere
go far to exercise, in nature, intense or demanding

Q11
draw attention, in an interesting way, make funny jokes
look forward to, get hurt, excessive

Actual Test 13

Q5-7
make time, reduce accidents, traffic congestion
travel faster, a waste of taxes, cause

Q11
on(=using) my iPad, the number of children, birth rate

Actual Test 14

Q5-7
named, give useful advice
funny, hang out with him

Q11
practical knowledge, adapt to, have a chance to
get used to, receive training, it takes me a long time to

Actual Test 15

Q5-7
get married, apartment complex, various amenities
be satisfied with, noise between floors, raise children

Q11
keep a regular routine, maintain a work-life balance, make appointments

MEMO

MEMO

시원스쿨 LAB

5일 만에 끝내는

토익스피킹 실전 모의고사 20회

토익스피킹 베스트셀러 저자 제이크의 최신 개정 실전서!

토익스피킹 베스트셀러 저자 **제이크 선생님**

이론부터 실전 문제까지
5일만에 끝내는 토익스피킹!

토익스피킹 신유형 및 고난도 유형 수록

최근 100회 이상의 시험 완전 분석.
빈출/신규/고득점 유형을 모두
담은 최신 기출 실전서

문항별 핵심 이론과 상세한 해설 제공

문항별 체계화된 분류로
주류부터 비주류 유형까지
완벽 학습

최신 기출 트렌드 반영 실전 모의고사

최신 출제 경향을 반영한
실전 모의고사로
초단기 IH-AL 달성!

토익스피킹 최고 등급 달성한
시원스쿨LAB 수강생의 후기!

토익스피킹 190점 달성

선생님의 강의를 들으면서,
만사형통 팁 등을 숙지하였고 토스 고득점을
받을 수 있었습니다.

토익스피킹 커리큘럼

누구나 목표 등급 달성 가능!

왕초보	입문	정규	실전

· 10가지 문법으로 시작하는 토익스피킹 기초영문법

· 28시간에 끝내는 토익스피킹

· 시원스쿨 토익스피킹 IM-AL
· 15개 템플릿으로 끝내는 토익스피킹 필수 전략서
· 시원스쿨 토익스피킹 학습지

· 5일 만에 끝내는
  토익스피킹 실전 모의고사
· 시원스쿨 토익스피킹
  실전모의고사 10회

제이크 선생님의 토익스피킹 교재 LINE-UP

✓ 10가지 문법 학습으로
  누구나 IM등급 달성

✓ 영포자를 위한 쉽고
  꼼꼼한 팁과 해설 제공

✓ 기초부터 체계적으로
  안내해주는 토익스피킹 기본서

✓ 최신 경향 위주의
  다양한 유형별 문제 연습

✓ 단 15개 템플릿만으로
  토익스피킹을 돕는 필수 전략서

✓ 초보자도 쉽게 따라할 수 있는
  가장 효율적인 템플릿 제공

✓ 최근 시험을 분석,
  최신 경향을 반영한 실전서

✓ 실제 시험에 대비한
  쉽고 꼼꼼한 해설

시원스쿨LAB
토스/오픽 도서 라인업

시험영어 전문 연구 조직

시원스쿨어학연구소

 시험영어 전문

 기출 빅데이터

264,000시간

시험영어 전문	기출 빅데이터	264,000시간
TOEIC/TOEIC Speaking OPIc/SPA/TEPS IELTS/TOEFL/G-TELP 공인 영어시험 콘텐츠 개발 경력 20여 년 이상의 국내외 연구원들이 포진한 전문적인 연구 조직입니다.	본 연구소 연구원들은 매월 각 전문 분야의 시험에 응시해 시험에 나온 모든 문제를 철저하게 해부하고, 시험별 기출문제 빅데이터 분석을 통해 단기 고득점을 위한 학습 솔루션을 개발 중입니다.	각 분야 연구원들의 연구시간 모두 합쳐 264,000시간 이 모든 시간이 쌓여 시원스쿨어학연구소가 탄생했습니다.

5
일 만에 끝내는

TOEIC
Speaking

실전모의고사

황인기(제이크) ㅣ 시원스쿨어학연구소

20회

5일 만에 끝내는 TOEIC Speaking 실전모의고사 20회

실전 모의고사

MP3   AT1_Questions

정답·해설 p.54

TOEIC Speaking

TOEIC Speaking Test Directions

This is the TOEIC Speaking test. This test includes 11 questions that measure different aspects of your speaking ability. The test lasts approximately 20 minutes.

Question	Task	Evaluation Criteria
1-2	Read a text aloud	· pronunciation · intonation and stress
3-4	Describe a picture	all of the above, plus · grammar · vocabulary · cohesion
5-7	Respond to questions	all of the above, plus · relevance of content · completeness of content
8-10	Respond to questions using information provided	all of the above
11	Express an opinion	all of the above

TOEIC Speaking

Questions 1-2: Read a text aloud

Directions: In this part of the test, you will read aloud the text on the screen. You will have 45 seconds to prepare. Then you will have 45 seconds to read the text aloud.

TOEIC Speaking   Question 1 of 11

Are you looking for a way to get into shape? Don't miss this news! M2 Fitness Center is finally opening a new branch in our town. As an opening promotion, we're giving away a one-week gym pass to everyone who visits before May 7th. Stop by and experience our fitness instructors, first-class gym, and personal trainers for free!

PREPARATION TIME   RESPONSE TIME
00:00:45   00:00:45

TOEIC Speaking   Question 2 of 11

Attention passengers. We will be landing at the Belmont International Airport, our final destination, in about twenty minutes. At this time, please return to your seat, fasten your seat belt, and turn off your electronic devices. Thank you for choosing Blue Planet Airlines, and we look forward to serving you again soon.

PREPARATION TIME   RESPONSE TIME
00:00:45   00:00:45

Questions 3-4: Describe a picture

Directions: In this part of the test, you will describe the picture on your screen in as much detail as you can. You will have 45 seconds to prepare your response. Then you will have 30 seconds to speak about the picture.

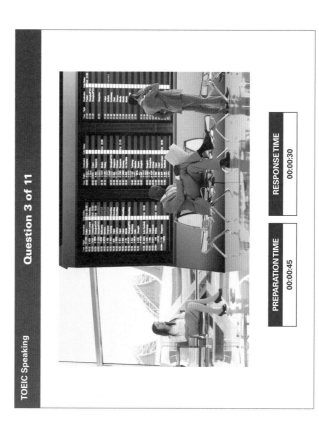

PREPARATION TIME	RESPONSE TIME
00:00:45	00:00:30

CAFÉ LUX
STRICTLY SOURCED · LOCALLY · LOCALLY SOURCED

PREPARATION TIME	RESPONSE TIME
00:00:45	00:00:30

Questions 5-7: Respond to questions

Directions: In this part of the test, you will answer three questions. You will have three seconds to prepare after you hear each question. You will have 15 seconds to respond to Questions 5 and 6, and 30 seconds to respond to Question 7.

Imagine that a US marketing firm is doing some research in your country. You have agreed to participate in a telephone interview about books.

Imagine that a US marketing firm is doing some research in your country. You have agreed to participate in a telephone interview about books.

How often do you buy books, and what type of books do you usually buy?

PREPARATION TIME	RESPONSE TIME
00:00:03	00:00:15

Imagine that a US marketing firm is doing some research in your country. You have agreed to participate in a telephone interview about books.

Do you prefer to buy books or borrow them from a library? Why?

PREPARATION TIME	RESPONSE TIME
00:00:03	00:00:15

Imagine that a US marketing firm is doing some research in your country. You have agreed to participate in a telephone interview about books.

Some people learn about books by reading book reviews. Do you read reviews before deciding to purchase a book? Why or why not?

PREPARATION TIME	RESPONSE TIME
00:00:03	00:00:30

Riverside Community Concert

September 24th, Eastern Hall
Ticket price : $15 (free for students with university ID)

6:30 – 7:00 p.m.	Pre-concert lecture (Denise Bell – Professor of Music, Westfield University)	
7:30 – 9:00 p.m. Concert	*Performer*	*Title*
	Riverside Orchestra	"Spring Symphony"
	Yang Shen (solo performance)	"Blue River"
	Riverside Orchestra	"Moonlight"
	Erika Taylor (solo performance)	"Calm Morning"
9:00 – 10:00 p.m.	Post-concert reception with the performers	

PREPARATION TIME
00:00:45

Questions 8-10: Respond to questions using information provided

Directions: In this part of the test, you will answer three questions based on the information provided. You will have 45 seconds to read the information before the questions begin. You will have three seconds to prepare and 15 seconds to respond to Questions 8 and 9. You will hear Question 10 two times. You will have three seconds to prepare and 30 seconds to respond to Question 10.

Question 11: Express an opinion

Directions: In this part of the test, you will give your opinion about a specific topic. Be sure to say as much as you can in the time allowed. You will have 45 seconds to prepare. Then you will have 60 seconds to speak.

For a university student, what are the disadvantages of working a job while attending university?

Give reasons or examples to support your opinion.

PREPARATION TIME	RESPONSE TIME
00:00:45	00:01:00

8

Riverside Community Concert

September 24th, Eastern Hall
Ticket price : $15 (free for students with university ID)

	Performer	Title
6:30 – 7:00 p.m.	Pre-concert lecture (Denise Bell – Professor of Music, Westfield University)	
7:30 – 9:00 p.m. Concert	Riverside Orchestra	"Spring Symphony"
	Yang Shen (solo performance)	"Blue River"
	Riverside Orchestra	"Moonlight"
	Erika Taylor (solo performance)	"Calm Morning"
9:00 – 10:00 p.m.	Post-concert reception with the performers	

PREPARATION TIME	RESPONSE TIME
00:00:03	00:00:15

PREPARATION TIME	RESPONSE TIME
00:00:03	00:00:15

PREPARATION TIME	RESPONSE TIME
00:00:03	00:00:30

TOEIC Speaking

TOEIC Speaking Test Directions

This is the TOEIC Speaking test. This test includes 11 questions that measure different aspects of your speaking ability. The test lasts approximately 20 minutes.

Question	Task	Evaluation Criteria
1-2	Read a text aloud	· pronunciation · intonation and stress
3-4	Describe a picture	all of the above, plus · grammar · vocabulary · cohesion
5-7	Respond to questions	all of the above, plus · relevance of content · completeness of content
8-10	Respond to questions using information provided	all of the above
11	Express an opinion	all of the above

TOEIC Speaking

Questions 1-2: Read a text aloud

Directions: In this part of the test, you will read aloud the text on the screen. You will have 45 seconds to prepare. Then you will have 45 seconds to read the text aloud.

정답 및 해설 p.64

TOEIC Speaking　　Question 1 of 11

You have reached the front desk of the Sandbanks Resort. Please press '1' to learn about our location, additional discounts, and special events. If you're calling to make a reservation, please stay on the line. A receptionist will be available to help you shortly. Don't forget that you can also book your visit on our website.

PREPARATION TIME	RESPONSE TIME
00:00:45	00:00:45

TOEIC Speaking　　Question 2 of 11

Good morning, SBA Radio listeners. A beautiful day is expected for the Springfield Community Fair tomorrow. There will be plenty of music, delicious food, and various activities for everyone. Be sure to come and enjoy the fair. However, remember that Fairview Avenue will be closed all day for the fair, so you might want to avoid driving in that area.

PREPARATION TIME	RESPONSE TIME
00:00:45	00:00:45

Questions 3-4: Describe a picture

Directions: In this part of the test, you will describe the picture on your screen in as much detail as you can. You will have 45 seconds to prepare your response. Then you will have 30 seconds to speak about the picture.

PREPARATION TIME	RESPONSE TIME
00:00:45	00:00:30

PREPARATION TIME	RESPONSE TIME
00:00:45	00:00:30

Questions 5-7: Respond to questions

Directions: In this part of the test, you will answer three questions. You will have three seconds to prepare after you hear each question. You will have 15 seconds to respond to Questions 5 and 6, and 30 seconds to respond to Question 7.

Imagine that a lifestyle magazine is preparing an article about your country. You have agreed to participate in a telephone interview about exercise.

Imagine that a lifestyle magazine is preparing an article about your country. You have agreed to participate in a telephone interview about exercise.

How often do you exercise, and what do you usually do?

PREPARATION TIME	RESPONSE TIME
00:00:03	00:00:15

Imagine that a lifestyle magazine is preparing an article about your country. You have agreed to participate in a telephone interview about exercise.

When you work out, do you usually do the same type of exercise? Why or why not?

PREPARATION TIME	RESPONSE TIME
00:00:03	00:00:15

Imagine that a lifestyle magazine is preparing an article about your country. You have agreed to participate in a telephone interview about exercise.

If your friends wanted to start exercising, which activity would you recommend? And why?

•Watching exercise videos   • Running outside

PREPARATION TIME	RESPONSE TIME
00:00:03	00:00:30

Questions 8-10: Respond to questions using information provided

Directions: In this part of the test, you will answer three questions based on the information provided. You will have 45 seconds to read the information before the questions begin. You will have three seconds to prepare and 15 seconds to respond to Questions 8 and 9. You will hear Question 10 two times. You will have three seconds to prepare and 30 seconds to respond to Question 10.

Travel Information for Kurt Russell (GEO Technology)

Flight Details

Depart Philadelphia Airport, Jetstar Airlines Flight 152	10:30 A.M.	June 16
Arrive Dallas Airport	1:20 P.M.	
Ground Transportation: Hotel limousine		
Depart Dallas Airport, Jetstar Airlines Flight 157	5:30 P.M.	June 21
1 Stop (Atlanta)		
Arrive Philadelphia Airport	9:45 P.M.	

Hotel Details

Check-in: The Royal Plaza Hotel, Dallas	From 2:00 P.M.	June 16
Check-out	By 11 A.M.	June 21
Amenities: Wireless internet, Complimentary breakfast		

PREPARATION TIME
00:00:45

12

Questions 8-10 of 11

Travel Information for Kurt Russell (GEO Technology)

Flight Details

Depart Philadelphia Airport, Jetstar Airlines Flight 152	10:30 A.M.	June 16
Arrive Dallas Airport	1:20 P.M.	
Ground Transportation: Hotel limousine		
Depart Dallas Airport, Jetstar Airlines Flight 157	5:30 P.M.	June 21
1 Stop (Atlanta)		
Arrive Philadelphia Airport	9:45 P.M.	

Hotel Details

Check-in: The Royal Plaza Hotel, Dallas	From 2:00 P.M.	June 16
Check-out	By 11 A.M.	June 21
Amenities: Wireless internet, Complimentary breakfast		

PREPARATION TIME	RESPONSE TIME
00:00:03	00:00:15

PREPARATION TIME	RESPONSE TIME
00:00:03	00:00:15

PREPARATION TIME	RESPONSE TIME
00:00:03	00:00:30

Question 11: Express an opinion

Directions: In this part of the test, you will give your opinion about a specific topic. Be sure to say as much as you can in the time allowed. You will have 45 seconds to prepare. Then you will have 60 seconds to speak.

Question 11 of 11

Do you agree or disagree with the following statement?

It is easier to build a successful career in a big city than in a small town.

Give reasons or examples to support your opinion.

PREPARATION TIME	RESPONSE TIME
00:00:45	00:01:00

5일 만에
끝내는
토익스피킹

실전 모의고사 3

MP3 AT3_Questions

정답 및 해설 p.74

TOEIC Speaking

TOEIC Speaking Test Directions

This is the TOEIC Speaking test. This test includes 11 questions that measure different aspects of your speaking ability. The test lasts approximately 20 minutes.

Question	Task	Evaluation Criteria
1-2	Read a text aloud	· pronunciation · intonation and stress
3-4	Describe a picture	all of the above, plus · grammar · vocabulary · cohesion
5-7	Respond to questions	all of the above, plus · relevance of content · completeness of content
8-10	Respond to questions using information provided	all of the above
11	Express an opinion	all of the above

TOEIC Speaking

Questions 1-2: Read a text aloud

Directions: In this part of the test, you will read aloud the text on the screen. You will have 45 seconds to prepare. Then you will have 45 seconds to read the text aloud.

TOEIC Speaking   Question 1 of 11

Welcome to the quarterly staff meeting. First, I want to announce an overseas expansion. Next quarter, we will be opening offices in Japan, India, and Thailand. When these offices open, we will hire and train local staff. This means we need volunteers to travel overseas and conduct the training. If you're interested in this opportunity, please contact me.

PREPARATION TIME	RESPONSE TIME
00:00:45	00:00:45

TOEIC Speaking   Question 2 of 11

We are delighted to welcome Doctor Oscar Benson to our program today. A leader in the field of brain science, Doctor Benson released a new book titled Pieces of Light. The book has been described as innovative, entertaining, and instructive for everyone, and it became a nationwide bestseller immediately. Let's hear more from him. Please welcome Doctor Benson to the show!

PREPARATION TIME	RESPONSE TIME
00:00:45	00:00:45

PREPARATION TIME
00:00:45

RESPONSE TIME
00:00:30

TOEIC Speaking

Questions 3-4: Describe a picture

Directions: In this part of the test, you will describe the picture on your screen in as much detail as you can. You will have 45 seconds to prepare your response. Then you will have 30 seconds to speak about the picture.

PREPARATION TIME
00:00:45

RESPONSE TIME
00:00:30

Questions 5-7: Respond to questions

Directions: In this part of the test, you will answer three questions.
You will have three seconds to prepare after you hear each
question. You will have 15 seconds to respond to Questions 5 and 6,
and 30 seconds to respond to Question 7.

Imagine that your close friend is planning to go on a trip. You and
your friend are having a telephone conversation about traveling.

Question 5 of 11

Imagine that your close friend is planning to go on a trip. You and
your friend are having a telephone conversation about traveling.

Which country would you like to travel to, and have you ever been
there?

PREPARATION TIME	RESPONSE TIME
00:00:03	00:00:15

Question 6 of 11

Imagine that your close friend is planning to go on a trip. You and
your friend are having a telephone conversation about traveling.

Do you think you would travel to another country within the next
year? Why or why not?

PREPARATION TIME	RESPONSE TIME
00:00:03	00:00:15

Question 7 of 11

Imagine that your close friend is planning to go on a trip. You and
your friend are having a telephone conversation about traveling.

If you were traveling in a new town or a city, which of the following
would you be most likely to do, and why?

- Eat at a local restaurant
- Go shopping in the area
- Join a guided tour

PREPARATION TIME	RESPONSE TIME
00:00:03	00:00:30

Questions 8-10: Respond to questions using information provided

Directions: In this part of the test, you will answer three questions based on the information provided. You will have 45 seconds to read the information before the questions begin. You will have three seconds to prepare and 15 seconds to respond to Questions 8 and 9. You will hear Question 10 two times. You will have three seconds to prepare and 30 seconds to respond to Question 10.

Alpine Electronics Company
New Employee Orientation, Aug 11

9:00 A.M. – 9:30 A.M.	Welcome Speech, Laura Cooper (Executive Director)
9:30 A.M. – 10:30 A.M.	Video: "Alpine's Past, Present, and Future"
10:30 A.M. – 11:00 A.M.	Presentation: Communicating in the Workplace <Rescheduled to 13th>
11:00 A.M. – Noon	Department Meetings
Noon – 1:00 P.M.	Lunch (catered by Ann's Kitchen)
1:00 P.M. – 2:00 P.M.	Safety Guidelines: Justin Reynolds (Safety Supervisor)
2:00 P.M. – 4:00 P.M.	Tour: Auckland Manufacturing Plant

PREPARATION TIME
00:00:45

17

Question 11: Express an opinion

Directions: In this part of the test, you will give your opinion about a specific topic. Be sure to say as much as you can in the time allowed. You will have 45 seconds to prepare. Then you will have 60 seconds to speak.

Question 11 of 11

Do you agree or disagree with the following statement?
Using email for communication at work is more effective than talking on the phone.
Give reasons or examples to support your opinion.

PREPARATION TIME	RESPONSE TIME
00:00:45	00:01:00

Questions 8-10 of 11

Alpine Electronics Company
New Employee Orientation, Aug 11

9:00 A.M. – 9:30 A.M.	Welcome Speech, Laura Cooper (Executive Director)
9:30 A.M. – 10:30 A.M.	Video: "Alpine's Past, Present, and Future"
10:30 A.M. – 11:00 A.M.	Presentation: Communicating in the Workplace <Rescheduled to 13th>
11:00 A.M. – Noon	Department Meetings
Noon – 1:00 P.M.	Lunch (catered by Ann's Kitchen)
1:00 P.M. – 2:00 P.M.	Safety Guidelines: Justin Reynolds (Safety Supervisor)
2:00 P.M. – 4:00 P.M.	Tour: Auckland Manufacturing Plant

PREPARATION TIME	RESPONSE TIME
00:00:03	00:00:15

PREPARATION TIME	RESPONSE TIME
00:00:03	00:00:15

PREPARATION TIME	RESPONSE TIME
00:00:03	00:00:30

18

5일 만에
끝내는
토익스피킹

실전 모의고사 4

MP3 AT4_Questions

정답 및 해설 p.84

TOEIC Speaking

TOEIC Speaking Test Directions

This is the TOEIC Speaking test. This test includes 11 questions that measure different aspects of your speaking ability. The test lasts approximately 20 minutes.

Question	Task	Evaluation Criteria
1-2	Read a text aloud	· pronunciation · intonation and stress
3-4	Describe a picture	all of the above, plus · grammar · vocabulary · cohesion
5-7	Respond to questions	all of the above, plus · relevance of content · completeness of content
8-10	Respond to questions using information provided	all of the above
11	Express an opinion	all of the above

TOEIC Speaking

Questions 1-2: Read a text aloud

Directions: In this part of the test, you will read aloud the text on the screen. You will have 45 seconds to prepare. Then you will have 45 seconds to read the text aloud.

TOEIC Speaking　　　Question 1 of 11

Have you been searching for an apartment in the downtown but haven't found anything attractive yet? This spring can be your chance. Clayfield Apartment, located in the center of the East Park district, is about to open. The units are modern, spacious, and remarkably affordable. To visit the open house, please call 354-9772.

PREPARATION TIME	RESPONSE TIME
00:00:45	00:00:45

TOEIC Speaking　　　Question 2 of 11

This is an important announcement about the parking area here at the Fortitude Building. Starting tomorrow, the green, blue, and black parking areas will be under construction for 2 weeks. If you usually drive to work, please consider getting a ride with someone or using public transportation to avoid congestion.

PREPARATION TIME	RESPONSE TIME
00:00:45	00:00:45

19

Questions 3-4: Describe a picture

Directions: In this part of the test, you will describe the picture on your screen in as much detail as you can. You will have 45 seconds to prepare your response. Then you will have 30 seconds to speak about the picture.

PREPARATION TIME	RESPONSE TIME
00:00:45	00:00:30

PREPARATION TIME	RESPONSE TIME
00:00:45	00:00:30

Questions 5-7: Respond to questions

Directions: In this part of the test, you will answer three questions.

You will have three seconds to prepare after you hear each question. You will have 15 seconds to respond to Questions 5 and 6, and 30 seconds to respond to Question 7.

Imagine that a hobby magazine is conducting a survey in your area. You have agreed to participate in an interview about live performances, such as plays or concerts.

Imagine that a hobby magazine is conducting a survey in your area. You have agreed to participate in an interview about live performances, such as plays or concerts.

How often do you attend a live performance, and who do you usually go with?

PREPARATION TIME	RESPONSE TIME
00:00:03	00:00:15

Imagine that a hobby magazine is conducting a survey in your area. You have agreed to participate in an interview about live performances, such as plays or concerts.

Where is the best place to watch live performances in your city? Why?

PREPARATION TIME	RESPONSE TIME
00:00:03	00:00:15

Imagine that a hobby magazine is conducting a survey in your area. You have agreed to participate in an interview about live performances, such as plays or concerts.

If a famous actor is in a live performance, such as a play or musical, would you like to watch it more?

PREPARATION TIME	RESPONSE TIME
00:00:03	00:00:30

21

16th Nebraska Refrigeration Conference

Location: Lincoln University   Date: Nov 17th-18th

Nov 17th

Keynote Speech: Smart Refrigeration Technology	Ian Morrison
Seminar: Solar Energy and Cooling Technologies	Monika Herrick
Lecture: Alternative Cooling Technologies	Ash Butler

Nov 18th

New Product Demonstration	Lexington Hall
Conference Luncheon	North and South Ballrooms
Panel Discussion: Energy-efficient Refrigeration	Ian Morrison

*Registration cost: $250 (must register by Nov 5th)

PREPARATION TIME
00:00:45

22

Questions 8-10: Respond to questions using information provided

Directions: In this part of the test, you will answer three questions based on the information provided. You will have 45 seconds to read the information before the questions begin. You will have three seconds to prepare and 15 seconds to respond to Questions 8 and 9. You will hear Question 10 two times. You will have three seconds to prepare and 30 seconds to respond to Question 10.

Question 11: Express an opinion

Directions: In this part of the test, you will give your opinion about a specific topic. Be sure to say as much as you can in the time allowed. You will have 45 seconds to prepare. Then you will have 60 seconds to speak.

What are the advantages of getting a job in a start-up company? Give reasons or examples to support your opinion.

PREPARATION TIME	RESPONSE TIME
00:00:45	00:01:00

16th Nebraska Refrigeration Conference

Location: Lincoln University   Date: Nov 17th-18th

Nov 17th

Keynote Speech: Smart Refrigeration Technology	Ian Morrison
Seminar: Solar Energy and Cooling Technologies	Monika Herrick
Lecture: Alternative Cooling Technologies	Ash Butler

Nov 18th

New Product Demonstration	Lexington Hall
Conference Luncheon	North and South Ballrooms
Panel Discussion: Energy-efficient Refrigeration	Ian Morrison

*Registration cost: $250 (must register by Nov 5th)

PREPARATION TIME	RESPONSE TIME
00:00:03	00:00:15

PREPARATION TIME	RESPONSE TIME
00:00:03	00:00:15

PREPARATION TIME	RESPONSE TIME
00:00:03	00:00:30

5일 만에
끝내는
토익스피킹

실전 모의고사 5

🔊 MP3 AT5_Questions

📄 문제풀이 p.94

TOEIC Speaking

TOEIC Speaking Test Directions

This is the TOEIC Speaking test. This test includes 11 questions that measure different aspects of your speaking ability. The test lasts approximately 20 minutes.

Question	Task	Evaluation Criteria
1-2	Read a text aloud	· pronunciation · intonation and stress
3-4	Describe a picture	all of the above, plus · grammar · vocabulary · cohesion
5-7	Respond to questions	all of the above, plus · relevance of content · completeness of content
8-10	Respond to questions using information provided	all of the above
11	Express an opinion	all of the above

TOEIC Speaking

Questions 1-2: Read a text aloud

Directions: In this part of the test, you will read aloud the text on the screen. You will have 45 seconds to prepare. Then you will have 45 seconds to read the text aloud.

TOEIC Speaking   **Question 1 of 11**

Thank you for calling Commonwealth Bank. We aim to deliver quick, convenient, and reliable banking services. For questions regarding account information, please press one. For help with online banking, please press two. If you want to speak to one of our representatives, please feel free to leave a message after the beep. We will call you back as soon as possible.

PREPARATION TIME	RESPONSE TIME
00:00:45	00:00:45

TOEIC Speaking   **Question 2 of 11**

Today's traffic report is brought to you by Grey Tree clothing store. Exit 15 on Highway 107 is currently closed due to emergency repairs to the traffic lights. Until the work is finished, drivers should use Exit 21. Also, remember that the yellow lane of the highway is reserved for buses, trucks, and other large vehicles every weekday from 1 to 6 P.M.

PREPARATION TIME	RESPONSE TIME
00:00:45	00:00:45

PREPARATION TIME
00:00:45

RESPONSE TIME
00:00:30

Questions 3-4: Describe a picture

Directions: In this part of the test, you will describe the picture on your screen in as much detail as you can. You will have 45 seconds to prepare your response. Then you will have 30 seconds to speak about the picture.

PREPARATION TIME
00:00:45

RESPONSE TIME
00:00:30

Questions 5-7: Respond to questions

Directions: In this part of the test, you will answer three questions. You will have three seconds to prepare after you hear each question. You will have 15 seconds to respond to Questions 5 and 6, and 30 seconds to respond to Question 7.

Imagine that a Canadian marketing firm is doing research in your area. You have agreed to participate in a telephone interview about camping.

Question 5 of 11

Imagine that a Canadian marketing firm is doing research in your area. You have agreed to participate in a telephone interview about camping.

In what season would you prefer to go camping, and why?

PREPARATION TIME	RESPONSE TIME
00:00:03	00:00:15

Question 6 of 11

Imagine that a Canadian marketing firm is doing research in your area. You have agreed to participate in a telephone interview about camping.

If you go camping, would you be willing to go alone? Why or why not?

PREPARATION TIME	RESPONSE TIME
00:00:03	00:00:15

Question 7 of 11

Imagine that a Canadian marketing firm is doing research in your area. You have agreed to participate in a telephone interview about camping.

Do you enjoy outdoor activities like camping or hiking more often now than you did five years ago? Why?

PREPARATION TIME	RESPONSE TIME
00:00:03	00:00:30

Questions 8-10: Respond to questions using information provided

Directions: In this part of the test, you will answer three questions based on the information provided. You will have 45 seconds to read the information before the questions begin. You will have three seconds to prepare and 15 seconds to respond to Questions 8 and 9. You will hear Question 10 two times. You will have three seconds to prepare and 30 seconds to respond to Question 10.

---

504 Ipswich Rd, Anerley, Perth
Mobile: 0311-592-7344 / E-mail: Janewade3@june.com

Jane Wade

· Desired position : Administration Manager

· Experience : Redcliff Electronics (administrative assistant)   2022 ~ present
             Medibank Health Insurance (receptionist)   2020 ~ 2022

· Education : Southbank Institute of Technology   2019
           (Bachelor's Degree in Business Administration)

· Skills : Fluent in Italian and French

· Reference : Rachel Dunlop (president of Redcliff Electronics)

PREPARATION TIME
00:00:45

27

504 Ipswich Rd, Anerley, Perth

Mobile: 0311-592-7344 / E-mail: Janewade3@june.com

Jane Wade

· Desired position : Administration Manager

· Experience : Redcliff Electronics (administrative assistant) 2022 ~ present
  Medibank Health Insurance (receptionist)   2020 ~ 2022

· Education : Southbank Institute of Technology   2019
  (Bachelor's Degree in Business Administration)

· Skills : Fluent in Italian and French

· Reference : Rachel Dunlop (president of Redcliff Electronics)

PREPARATION TIME	RESPONSE TIME
00:00:03	00:00:15

PREPARATION TIME	RESPONSE TIME
00:00:03	00:00:15

PREPARATION TIME	RESPONSE TIME
00:00:03	00:00:30

Question 11: Express an opinion

Directions: In this part of the test, you will give your opinion about a specific topic. Be sure to say as much as you can in the time allowed. You will have 45 seconds to prepare. Then you will have 60 seconds to speak.

Imagine that you start a business. Which of the following could be the most difficult when you prepare for your business?

Choose one of the options below and give reasons or examples to support your opinion.

· Finding a good location
· Hiring competent employees
· Promoting the business

PREPARATION TIME	RESPONSE TIME
00:00:45	00:01:00

5일 만에
끝내는
토익스피킹

생전 모의고사 6

MP3 AT6_Questions

p.104

TOEIC Speaking

TOEIC Speaking Test Directions

This is the TOEIC Speaking test. This test includes 11 questions that measure different aspects of your speaking ability. The test lasts approximately 20 minutes.

Question	Task	Evaluation Criteria
1-2	Read a text aloud	· pronunciation · intonation and stress
3-4	Describe a picture	all of the above, plus · grammar · vocabulary · cohesion
5-7	Respond to questions	all of the above, plus · relevance of content · completeness of content
8-10	Respond to questions using information provided	all of the above
11	Express an opinion	all of the above

TOEIC Speaking

Questions 1-2: Read a text aloud

Directions: In this part of the test, you will read aloud the text on the screen. You will have 45 seconds to prepare. Then you will have 45 seconds to read the text aloud.

TOEIC Speaking

Question 1 of 11

Our next performer is Katie Hill. Today, she will perform a piano concerto called "Shadow of the Swan." It is simple, quiet, and peaceful, but it is surprisingly intense! It will be the first time for this music to be played live in this country. So everyone, please welcome Katie Hill to the stage!

PREPARATION TIME	RESPONSE TIME
00:00:45	00:00:45

TOEIC Speaking

Question 2 of 11

On House Crashers today, we'll be discussing how to choose paint, carpet, and furniture. To begin, select a room and decide what colors would be best for it. Before you pick out the furniture, you need to choose your paint and carpet colors. Be sure to measure the furniture carefully so that it fits well in the room you're decorating.

PREPARATION TIME	RESPONSE TIME
00:00:45	00:00:45

Questions 3-4: Describe a picture

Directions: In this part of the test, you will describe the picture on your screen in as much detail as you can. You will have 45 seconds to prepare your response. Then you will have 30 seconds to speak about the picture.

PREPARATION TIME
00:00:45

RESPONSE TIME
00:00:30

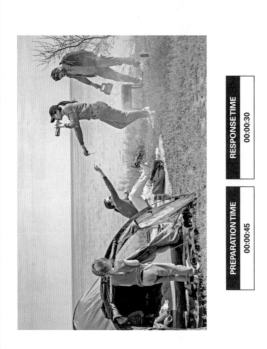

PREPARATION TIME
00:00:45

RESPONSE TIME
00:00:30

Questions 5-7: Respond to questions

Directions: In this part of the test, you will answer three questions. You will have three seconds to prepare after you hear each question. You will have 15 seconds to respond to Questions 5 and 6, and 30 seconds to respond to Question 7.

Imagine that a luxury goods magazine is conducting a survey in your area in your country. You have agreed to participate in a telephone interview about jewelry.

Imagine that a luxury goods magazine is conducting a survey in your area in your country. You have agreed to participate in a telephone interview about jewelry.

How often do you wear jewelry, and what kind of jewelry do you like to wear?

PREPARATION TIME	RESPONSE TIME
00:00:03	00:00:15

Imagine that a luxury goods magazine is conducting a survey in your area in your country. You have agreed to participate in a telephone interview about jewelry.

If you were to buy new jewelry, would you buy something that you can wear on a daily basis or for special occasions?

PREPARATION TIME	RESPONSE TIME
00:00:03	00:00:15

Imagine that a luxury goods magazine is conducting a survey in your area in your country. You have agreed to participate in a telephone interview about jewelry.

Would you ever give jewelry as a gift? Why or why not?

PREPARATION TIME	RESPONSE TIME
00:00:03	00:00:30

Questions 8-10: Respond to questions using information provided

Directions: In this part of the test, you will answer three questions based on the information provided. You will have 45 seconds to read the information before the questions begin. You will have three seconds to prepare and 15 seconds to respond to Questions 8 and 9. You will hear Question 10 two times. You will have three seconds to prepare and 30 seconds to respond to Question 10.

Mackay Pollei, Head Designer of LDS Graphic Studio
Schedule for Friday, Feb 21st

9:00~10:00 a.m.	Meeting with Design Team: Utilizing New Software
10:00~11:00 a.m.	Job Interview (Spencer Faddis, Intern Position)
12:00~1:00 p.m.	Lunch
1:00~2:30 p.m.	Brochure Design Review
3:00~4:00 p.m. 5:00~6:00 p.m.	Client Meetings · Restaurant Logo Designs (CEO, Chang's Kitchen) · Store Interior Designs (Owner, Wildflower Studio)

PREPARATION TIME
00:00:45

32

Question 11: Express an opinion

Directions: In this part of the test, you will give your opinion about a specific topic. Be sure to say as much as you can in the time allowed. You will have 45 seconds to prepare. Then you will have 60 seconds to speak.

Question 11 of 11

Do you agree or disagree with the following statement?

Nowadays, the best way to promote new products is using social media.

Give reasons or examples to support your opinion.

PREPARATION TIME	RESPONSE TIME
00:00:45	00:01:00

Questions 8-10 of 11

Mackay Pollei, Head Designer of LDS Graphic Studio

Schedule for Friday, Feb 21st

9:00~10:00 a.m.	Meeting with Design Team: Utilizing New Software
10:00~11:00 a.m.	Job Interview (Spencer Faddis, Intern Position)
12:00~1:00 p.m.	Lunch
1:00~2:30 p.m.	Brochure Design Review
3:00~4:00 p.m. 5:00~6:00 p.m.	Client Meetings · Restaurant Logo Designs (CEO, Chang's Kitchen) · Store Interior Designs (Owner, Wildflower Studio)

PREPARATION TIME	RESPONSE TIME
00:00:03	00:00:15

PREPARATION TIME	RESPONSE TIME
00:00:03	00:00:15

PREPARATION TIME	RESPONSE TIME
00:00:03	00:00:30

33

정답 및 해설 p.114

TOEIC Speaking

TOEIC Speaking Test Directions

This is the TOEIC Speaking test. This test includes 11 questions that measure different aspects of your speaking ability. The test lasts approximately 20 minutes.

Question	Task	Evaluation Criteria
1-2	Read a text aloud	· pronunciation · intonation and stress
3-4	Describe a picture	all of the above, plus · grammar · vocabulary · cohesion
5-7	Respond to questions	all of the above, plus · relevance of content · completeness of content
8-10	Respond to questions using information provided	all of the above
11	Express an opinion	all of the above

TOEIC Speaking

Questions 1-2: Read a text aloud

Directions: In this part of the test, you will read aloud the text on the screen. You will have 45 seconds to prepare. Then you will have 45 seconds to read the text aloud.

TOEIC Speaking   Question 1 of 11

Welcome to the Phillip Island wildlife tour, where education meets adventure! As you might be aware, we've experienced a particularly rainy summer. For your safety, it's important that you read the travel guide carefully. While we've done our best to maintain the trail, be sure to watch your step, stick with the group, and follow all instructions.

PREPARATION TIME	RESPONSE TIME
00:00:45	00:00:45

TOEIC Speaking   Question 2 of 11

At Lauren's Coffee Shop, we offer a wide selection of coffees, teas, and desserts. For your convenience, we now provide faster wireless Internet. We were also selected as the best café in the downtown area by *Barista Magazine Online*. If you'd like to enjoy the finest Colombian coffee in the city, visit Lauren's today.

PREPARATION TIME	RESPONSE TIME
00:00:45	00:00:45

Questions 3-4: Describe a picture

Directions: In this part of the test, you will describe the picture on your screen in as much detail as you can. You will have 45 seconds to prepare your response. Then you will have 30 seconds to speak about the picture.

PREPARATION TIME
00:00:45

RESPONSE TIME
00:00:30

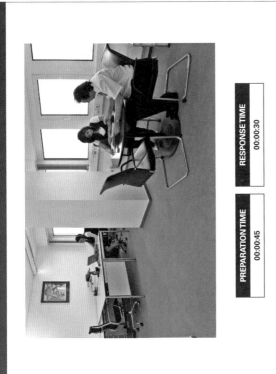

PREPARATION TIME
00:00:45

RESPONSE TIME
00:00:30

Questions 5-7: Respond to questions

Directions: In this part of the test, you will answer three questions.

You will have three seconds to prepare after you hear each question. You will have 15 seconds to respond to Questions 5 and 6, and 30 seconds to respond to Question 7.

Imagine that an electronics marketing company is conducting a survey in your country. You have agreed to participate in a telephone interview about smartphones.

Question 5 of 11

Imagine that an electronics marketing company is conducting a survey in your country. You have agreed to participate in a telephone interview about smartphones.

How often do you change your smartphone, and where do you usually buy it?

PREPARATION TIME	RESPONSE TIME
00:00:03	00:00:15

Question 6 of 11

Imagine that an electronics marketing company is conducting a survey in your country. You have agreed to participate in a telephone interview about smartphones.

Do you recommend buying a used smartphone? Why or why not?

PREPARATION TIME	RESPONSE TIME
00:00:03	00:00:15

Question 7 of 11

Imagine that an electronics marketing company is conducting a survey in your country. You have agreed to participate in a telephone interview about smartphones.

When buying a new mobile phone, what are the factors you consider important?

PREPARATION TIME	RESPONSE TIME
00:00:03	00:00:30

Questions 8-10: Respond to questions using information provided

Directions: In this part of the test, you will answer three questions based on the information provided. You will have 45 seconds to read the information before the questions begin. You will have three seconds to prepare and 15 seconds to respond to Questions 8 and 9. You will hear Question 10 two times. You will have three seconds to prepare and 30 seconds to respond to Question 10.

Hamilton Fashions

HR Department Job Interview Schedule

Tuesday, January 23rd

Time	Name	Desired Position
9:00 a.m.	Ida Barnes	Client Services Representative
9:30 a.m.	Radley Foster	Graphic Artist Intern
10:00 a.m.	Barbara Grey	Female Model
11:30 a.m.	Palmer Thompson	~~Male Model~~ Canceled
2:00 p.m.	Pam Collins	Merchandise Planner
3:00 p.m.	Edward Miller	Quality Control Representative
3:30 p.m.	Kaley Green	Pattern Maker Intern

PREPARATION TIME

00:00:45

Question 11: Express an opinion

Directions: In this part of the test, you will give your opinion about a specific topic. Be sure to say as much as you can in the time allowed. You will have 45 seconds to prepare. Then you will have 60 seconds to speak.

Do you agree or disagree with the following statement?

High schools in your area should include more physical education classes in the curriculum.

Give reasons or examples to support your opinion.

PREPARATION TIME	RESPONSE TIME
00:00:45	00:01:00

Hamilton Fashions

HR Department Job Interview Schedule
Tuesday, January 23rd

Time	Name	Desired Position
9:00 a.m.	Ida Barnes	Client Services Representative
9:30 a.m.	Radley Foster	Graphic Artist Intern
10:00 a.m.	Barbara Grey	Female Model
11:30 a.m.	Palmer Thompson	~~Male Model~~ Canceled
2:00 p.m.	Pam Collins	Merchandise Planner
3:00 p.m.	Edward Miller	Quality Control Representative
3:30 p.m.	Kaley Green	Pattern Maker Intern

PREPARATION TIME	RESPONSE TIME
00:00:03	00:00:15

PREPARATION TIME	RESPONSE TIME
00:00:03	00:00:15

PREPARATION TIME	RESPONSE TIME
00:00:03	00:00:30

MP3 AT8_Questions

정답·해설 p.124

TOEIC Speaking

TOEIC Speaking Test Directions

This is the TOEIC Speaking test. This test includes 11 questions that measure different aspects of your speaking ability. The test lasts approximately 20 minutes.

Question	Task	Evaluation Criteria
1-2	Read a text aloud	· pronunciation · intonation and stress
3-4	Describe a picture	all of the above, plus · grammar · vocabulary · cohesion
5-7	Respond to questions	all of the above, plus · relevance of content · completeness of content
8-10	Respond to questions using information provided	all of the above
11	Express an opinion	all of the above

TOEIC Speaking

Questions 1-2: Read a text aloud

Directions: In this part of the test, you will read aloud the text on the screen. You will have 45 seconds to prepare. Then you will have 45 seconds to read the text aloud.

TOEIC Speaking   Question 1 of 11

In today's local news, Nova Electronics announced the opening of a new manufacturing plant in Cannon Hill. Due to steady growth in Nova's sales, the company plans to increase production to meet the demand. The new plant is expected to benefit our country by creating jobs, boosting tax revenue, and attracting additional businesses to the area.

PREPARATION TIME	RESPONSE TIME
00:00:45	00:00:45

TOEIC Speaking   Question 2 of 11

Thank you for calling Foxtel TV Network. Due to a high volume of calls, we are currently unable to assist you. If you stay on the line, a customer service representative will be with you shortly. For questions about premium channels, membership information, or our refund policy, please visit our website.

PREPARATION TIME	RESPONSE TIME
00:00:45	00:00:45

PREPARATION TIME
00:00:45

RESPONSE TIME
00:00:30

Questions 3-4: Describe a picture

Directions: In this part of the test, you will describe the picture on your screen in as much detail as you can. You will have 45 seconds to prepare your response. Then you will have 30 seconds to speak about the picture.

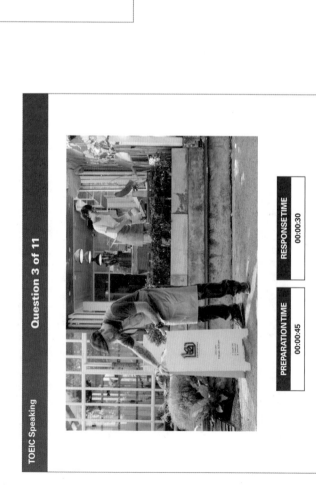

PREPARATION TIME
00:00:45

RESPONSE TIME
00:00:30

Questions 5-7: Respond to questions

Directions: In this part of the test, you will answer three questions. You will have three seconds to prepare after you hear each question. You will have 15 seconds to respond to Questions 5 and 6, and 30 seconds to respond to Question 7.

Imagine that a tourist company in Britain is doing research in your area. You have agreed to participate in a telephone interview about zoos.

Question 5 of 11

Imagine that a tourist company in Britain is doing research in your area. You have agreed to participate in a telephone interview about zoos.

When was the last time you went to a zoo, and what was the most memorable animal you saw?

PREPARATION TIME	RESPONSE TIME
00:00:03	00:00:15

Question 6 of 11

Imagine that a tourist company in Britain is doing research in your area. You have agreed to participate in a telephone interview about zoos.

Other than a camera, what do you usually bring when you go to the zoo?

PREPARATION TIME	RESPONSE TIME
00:00:03	00:00:15

Question 7 of 11

Imagine that a tourist company in Britain is doing research in your area. You have agreed to participate in a telephone interview about zoos.

Are you willing to recommend the zoo in your area to tourists from other regions? Why or why not?

PREPARATION TIME	RESPONSE TIME
00:00:03	00:00:30

Questions 8-10: Respond to questions using information provided

Directions: In this part of the test, you will answer three questions based on the information provided. You will have 45 seconds to read the information before the questions begin. You will have three seconds to prepare and 15 seconds to respond to Questions 8 and 9. You will hear Question 10 two times. You will have three seconds to prepare and 30 seconds to respond to Question 10.

Blue Mountain National Park

Park Ranger In-Service Training Program
Tuesday, February 11th 10 a.m. ~ 4 p.m.

10:00 a.m.	Welcome Speech
10:15 a.m.	Quiz: History of Blue Mountain National Park
10:45 a.m.	Workshop: Dealing with Emergencies (Troy Hawkins)
11:30 a.m.	Campgrounds Tour
12:30 p.m.	Lunch: Staff Lounge (lunch provided)
1:30 p.m.	Lecture: Interacting with Tourists (Rick Oliver)
2:30 p.m.	Watching Video: Park Rules & Regulations
3:15 p.m.	Workshop: Responding to Weather Changes (Tracy Bowen)

PREPARATION TIME
00:00:45

42

Question 11: Express an opinion

Directions: In this part of the test, you will give your opinion about a specific topic. Be sure to say as much as you can in the time allowed. You will have 45 seconds to prepare. Then you will have 60 seconds to speak.

Question 11 of 11

If you were in charge of hiring new employees at work, which of the following would you consider most important from them?

Choose one of the options below and give reasons or examples to support your opinion.

- Interpersonal skills
- Educational background
- Internship experience

PREPARATION TIME	RESPONSE TIME
00:00:45	00:01:00

Questions 8-10 of 11

Blue Mountain National Park

Park Ranger In-Service Training Program
Tuesday, February 11th 10 a.m. ~ 4 p.m.

10:00 a.m.	Welcome Speech
10:15 a.m.	Quiz: History of Blue Mountain National Park
10:45 a.m.	Workshop: Dealing with Emergencies (Troy Hawkins)
11:30 a.m.	Campgrounds Tour
12:30 p.m.	Lunch: Staff Lounge (lunch provided)
1:30 p.m.	Lecture: Interacting with Tourists (Rick Oliver)
2:30 p.m.	Watching Video: Park Rules & Regulations
3:15 p.m.	Workshop: Responding to Weather Changes (Tracy Bowen)

PREPARATION TIME	RESPONSE TIME
00:00:03	00:00:15

PREPARATION TIME	RESPONSE TIME
00:00:03	00:00:15

PREPARATION TIME	RESPONSE TIME
00:00:03	00:00:30

43

🔊MP3 AT9_Questions

💻정답 및 해설 p.134

TOEIC Speaking

TOEIC Speaking Test Directions

This is the TOEIC Speaking test. This test includes 11 questions that measure different aspects of your speaking ability. The test lasts approximately 20 minutes.

Question	Task	Evaluation Criteria
1-2	Read a text aloud	· pronunciation · intonation and stress
3-4	Describe a picture	all of the above, plus · grammar · vocabulary · cohesion
5-7	Respond to questions	all of the above, plus · relevance of content · completeness of content
8-10	Respond to questions using information provided	all of the above
11	Express an opinion	all of the above

TOEIC Speaking

Questions 1-2: Read a text aloud

Directions: In this part of the test, you will read aloud the text on the screen. You will have 45 seconds to prepare. Then you will have 45 seconds to read the text aloud.

TOEIC Speaking   Question 1 of 11

Welcome, and thank you for attending today's job fair. You'll have the chance to speak with representatives from local businesses that are currently hiring. If you're interested in any of these companies, please fill out an application with your name, contact information, and work experience. Once completed, submit it to the nearest reception desk. A representative will get in touch with you promptly.

PREPARATION TIME	RESPONSE TIME
00:00:45	00:00:45

TOEIC Speaking   Question 2 of 11

Next stop is our final station. Remember to collect your jackets, briefcases, or any other personal belongings before leaving the train. Also, please be careful of the gap between the train and the platform. Passengers traveling towards Lakewood, please remain on the platform for the next train. Thank you for using Denver Metro.

PREPARATION TIME	RESPONSE TIME
00:00:45	00:00:45

PREPARATION TIME
00:00:45

RESPONSE TIME
00:00:30

TOEIC Speaking

Questions 3-4: Describe a picture

Directions: In this part of the test, you will describe the picture on your screen in as much detail as you can. You will have 45 seconds to prepare your response. Then you will have 30 seconds to speak about the picture.

TOEIC Speaking

Question 3 of 11

PREPARATION TIME
00:00:45

RESPONSE TIME
00:00:30

Questions 5-7: Respond to questions

Directions: In this part of the test, you will answer three questions. You will have three seconds to prepare after you hear each question. You will have 15 seconds to respond to Questions 5 and 6, and 30 seconds to respond to Question 7.

Imagine an American music association is doing research in your country. You have agreed to participate in a telephone interview about music.

Imagine an American music association is doing research in your country. You have agreed to participate in a telephone interview about music.

How often do you listen to music, and what type of music do you usually listen to?

PREPARATION TIME	RESPONSE TIME
00:00:03	00:00:15

Imagine an American music association is doing research in your country. You have agreed to participate in a telephone interview about music.

Do you use a music application to listen to music? Why?

PREPARATION TIME	RESPONSE TIME
00:00:03	00:00:15

Imagine an American music association is doing research in your country. You have agreed to participate in a telephone interview about music.

How have your habits of listening to music changed since you were a teenager?

PREPARATION TIME	RESPONSE TIME
00:00:03	00:00:30

Pearson Training Center

Summer Online Business Courses

July 15 – September 3

Class	Day	Time
Using Social Media for Marketing	Mondays	5:00-7:00 p.m.
Online Data Analysis	Tuesdays	7:00-8:30 p.m.
Website Design and Maintenance	Wednesdays	6:00-7:30 p.m.
Online Data Protection	Thursdays	5:30-7:00 p.m.
Online Advertising for Small Businesses	Fridays	7:30-9:00 p.m.

Early registration : $120 (Before July 1st)
General registration : $145 (From July 1st)
Deadline for registration : July 13th

PREPARATION TIME

00:00:45

Questions 8-10: Respond to questions using information provided

Directions: In this part of the test, you will answer three questions based on the information provided. You will have 45 seconds to read the information before the questions begin. You will have three seconds to prepare and 15 seconds to respond to Questions 8 and 9. You will hear Question 10 two times. You will have three seconds to prepare and 30 seconds to respond to Question 10.

Question 11: Express an opinion

Directions: In this part of the test, you will give your opinion about a specific topic. Be sure to say as much as you can in the time allowed. You will have 45 seconds to prepare. Then you will have 60 seconds to speak.

Question 11 of 11

Do you agree or disagree with the following statement?

Exercising alone is better than learning directly from a professional.

Give reasons or examples to support your opinion.

PREPARATION TIME	RESPONSE TIME
00:00:45	00:01:00

Pearson Training Center

Summer Online Business Courses
July 15 – September 3

Class	Day	Time
Using Social Media for Marketing	Mondays	5:00-7:00 p.m.
Online Data Analysis	Tuesdays	7:00-8:30 p.m.
Website Design and Maintenance	Wednesdays	6:00-7:30 p.m.
Online Data Protection	Thursdays	5:30-7:00 p.m.
Online Advertising for Small Businesses	Fridays	7:30-9:00 p.m.

Early registration : $120 (Before July 1st)
General registration : $145 (From July 1st)
Deadline for registration : July 13th

PREPARATION TIME	RESPONSE TIME
00:00:03	00:00:15

PREPARATION TIME	RESPONSE TIME
00:00:03	00:00:15

PREPARATION TIME	RESPONSE TIME
00:00:03	00:00:30

48

MP3 AT10_Questions

정답·해설 p.144

TOEIC Speaking

TOEIC Speaking Test Directions

This is the TOEIC Speaking test. This test includes 11 questions that measure different aspects of your speaking ability. The test lasts approximately 20 minutes.

Question	Task	Evaluation Criteria
1-2	Read a text aloud	· pronunciation · intonation and stress
3-4	Describe a picture	all of the above, plus · grammar · vocabulary · cohesion
5-7	Respond to questions	all of the above, plus · relevance of content · completeness of content
8-10	Respond to questions using information provided	all of the above
11	Express an opinion	all of the above

TOEIC Speaking

Questions 1-2: Read a text aloud

Directions: In this part of the test, you will read aloud the text on the screen. You will have 45 seconds to prepare. Then you will have 45 seconds to read the text aloud.

Thank you for joining us for today's show with Carrie LeBaron. She's a famous French chef, a notable actress, and last but not least, a mother of four kids. Carrie has received numerous awards throughout her careers, and today she'll explain how she manages to balance these three roles. Ladies and gentlemen, please join me in welcoming Carrie LeBaron to the stage!

PREPARATION TIME	RESPONSE TIME
00:00:45	00:00:45

Attention, shoppers! Whether you're in search of new outdoor jackets or functional sportswear, visit Westwood Outlet Mall today. This weekend only, you can get 30% off any full-priced items. Discover an excellent selection of comfortable, stylish, and affordable clothing for your family. These deals won't last long! So, stop by today and grab the best deals.

PREPARATION TIME	RESPONSE TIME
00:00:45	00:00:45

PREPARATION TIME
00:00:45

RESPONSE TIME
00:00:30

50

TOEIC Speaking

Questions 3-4: Describe a picture

Directions: In this part of the test, you will describe the picture on your screen in as much detail as you can. You will have 45 seconds to prepare your response. Then you will have 30 seconds to speak about the picture.

TOEIC Speaking   Question 3 of 11

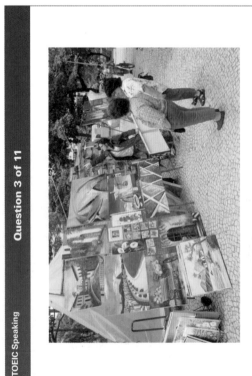

PREPARATION TIME
00:00:45

RESPONSE TIME
00:00:30

Questions 5-7: Respond to questions

Directions: In this part of the test, you will answer three questions.

You will have three seconds to prepare after you hear each question. You will have 15 seconds to respond to Questions 5 and 6, and 30 seconds to respond to Question 7.

Imagine that you are talking on the telephone with a friend. You are having a conversation about learning a new language.

Imagine that you are talking on the telephone with a friend. You are having a conversation about learning a new language.

When did you first start learning a foreign language, and which language was it?

PREPARATION TIME	RESPONSE TIME
00:00:03	00:00:15

Imagine that you are talking on the telephone with a friend. You are having a conversation about learning a new language.

Which new foreign language would you like to learn? And why?

PREPARATION TIME	RESPONSE TIME
00:00:03	00:00:15

Imagine that you are talking on the telephone with a friend. You are having a conversation about learning a new language.

From your experience, what do you think I can do to learn a foreign language quickly?

PREPARATION TIME	RESPONSE TIME
00:00:03	00:00:30

Questions 8-10: Respond to questions using information provided

Directions: In this part of the test, you will answer three questions based on the information provided. You will have 45 seconds to read the information before the questions begin. You will have three seconds to prepare and 15 seconds to respond to Questions 8 and 9. You will hear Question 10 two times. You will have three seconds to prepare and 30 seconds to respond to Question 10.

Finance Focus Digest

Business Article Publishing Schedule (September 29 - November 3)

Release Date	Article Titles	Writers
September 29	Why Gold Matters	Benjamin Johnson
October 5	How AI Is Changing Finance	Grace Lee
October 12	Tips for New Homebuyers	Daniel Carter
October 19 18	Investing in Green Energy	Lucas White
October 26	Debt Reduction Strategies	Emily Clark
November 3	The Risks of AI-powered Trading	Olivia Harris

PREPARATION TIME
00:00:45

Finance Focus Digest

Business Article Publishing Schedule (September 29 - November 3)

Release Date	Article Titles	Writers
September 29	Why Gold Matters	Benjamin Johnson
October 5	How AI Is Changing Finance	Grace Lee
October 12	Tips for New Homebuyers	Daniel Carter
October 19 18	Investing in Green Energy	Lucas White
October 26	Debt Reduction Strategies	Emily Clark
November 3	The Risks of AI-powered Trading	Olivia Harris

PREPARATION TIME	RESPONSE TIME
00:00:03	00:00:15

PREPARATION TIME	RESPONSE TIME
00:00:03	00:00:15

PREPARATION TIME	RESPONSE TIME
00:00:03	00:00:30

Question 11: Express an opinion

Directions: In this part of the test, you will give your opinion about a specific topic. Be sure to say as much as you can in the time allowed. You will have 45 seconds to prepare. Then you will have 60 seconds to speak.

Which facility do you think universities in your area should invest in the most?

Choose one of the options below and give reasons or examples. to support your opinion.

- Dormitories
- Cafeterias
- Libraries

PREPARATION TIME	RESPONSE TIME
00:00:45	00:01:00

p.154

(정답 p.154)

TOEIC Speaking

TOEIC Speaking Test Directions

This is the TOEIC Speaking test. This test includes 11 questions that measure different aspects of your speaking ability. The test lasts approximately 20 minutes.

Question	Task	Evaluation Criteria
1-2	Read a text aloud	· pronunciation · intonation and stress
3-4	Describe a picture	all of the above, plus · grammar · vocabulary · cohesion
5-7	Respond to questions	all of the above, plus · relevance of content · completeness of content
8-10	Respond to questions using information provided	all of the above
11	Express an opinion	all of the above

TOEIC Speaking

Questions 1-2: Read a text aloud

Directions: In this part of the test, you will read aloud the text on the screen. You will have 45 seconds to prepare. Then you will have 45 seconds to read the text aloud.

TOEIC Speaking

Question 1 of 11

This Sunday, The Grind House Coffee Shop invites coffee lovers to a tasting event at our store. Visit us between 6 and 9 o'clock to enjoy half-price desserts, live music, and our exclusive coffee from Colombia. While you're here, complete a customer survey and receive a free pack of coffee beans to brew at home.

PREPARATION TIME	RESPONSE TIME
00:00:45	00:00:45

TOEIC Speaking

Question 2 of 11

Welcome to the Metropolitan Museum of Art. We hope your tour is informative and enjoyable. Since there are a lot of visitors here today, we will divide into two groups. After completing the tour, you may visit the gift shop on the first floor, enjoy a meal in the cafeteria, or learn about upcoming exhibits at the information desk.

PREPARATION TIME	RESPONSE TIME
00:00:45	00:00:45

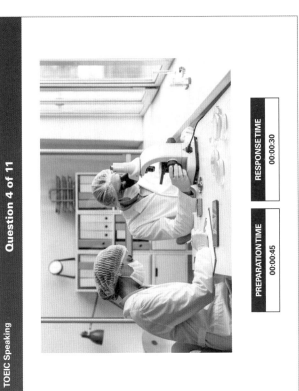

PREPARATION TIME
00:00:45

RESPONSE TIME
00:00:30

TOEIC Speaking

Questions 3-4: Describe a picture

Directions: In this part of the test, you will describe the picture on your screen in as much detail as you can. You will have 45 seconds to prepare your response. Then you will have 30 seconds to speak about the picture.

PREPARATION TIME
00:00:45

RESPONSE TIME
00:00:30

TOEIC Speaking

Questions 5-7: Respond to questions

Directions: In this part of the test, you will answer three questions. You will have three seconds to prepare after you hear each question. You will have 15 seconds to respond to Questions 5 and 6, and 30 seconds to respond to Question 7.

TOEIC Speaking

Imagine that a Canadian marketing firm is conducting research in your area, and you have agreed to participate in a telephone interview about amusement parks that have attractions like roller coasters.

TOEIC Speaking · Question 5 of 11

Imagine that a Canadian marketing firm is conducting research in your area, and you have agreed to participate in a telephone interview about amusement parks that have attractions like roller coasters.

How often do you visit an amusement park, and who do you usually go there with?

PREPARATION TIME	RESPONSE TIME
00:00:03	00:00:15

TOEIC Speaking · Question 6 of 11

Imagine that a Canadian marketing firm is conducting research in your area, and you have agreed to participate in a telephone interview about amusement parks that have attractions like roller coasters.

What time of the day is best for visiting an amusement park? Why?

PREPARATION TIME	RESPONSE TIME
00:00:03	00:00:15

TOEIC Speaking · Question 7 of 11

Imagine that a Canadian marketing firm is conducting research in your area, and you have agreed to participate in a telephone interview about amusement parks that have attractions like roller coasters.

Do you think going to an amusement park is a good way to spend a vacation?

PREPARATION TIME	RESPONSE TIME
00:00:03	00:00:30

Questions 8-10: Respond to questions using information provided

Directions: In this part of the test, you will answer three questions based on the information provided. You will have 45 seconds to read the information before the questions begin. You will have three seconds to prepare and 15 seconds to respond to Questions 8 and 9. You will hear Question 10 two times. You will have three seconds to prepare and 30 seconds to respond to Question 10.

Solitaire Resort New Employee Orientation
November 16, Monday

09:30 AM - 10:00 AM	Introduction to Management
10:00 AM - 10:30 AM	Presentation: Employee Benefits, Erin Morris
10:30 AM - 11:00 AM	~~Demonstration, Jessica Martines~~ ~~•Resort Security Procedures~~ *Postponed*
11:00 AM - 12:00 PM	Resort Tour
12:00 PM - 01:00 PM	Lunch Break (Resort's Chinese Restaurant)
01:00 PM - 02:00 PM	Demonstration, Cameron Simmons • Front Desk Etiquette • Emergency Response
02:00 PM - 03:30 PM	Workshop: Guest Reservation System

PREPARATION TIME
00:00:45

57

Question 11: Express an opinion

Directions: In this part of the test, you will give your opinion about a specific topic. Be sure to say as much as you can in the time allowed. You will have 45 seconds to prepare. Then you will have 60 seconds to speak.

What are the advantages of traveling to only one country during a vacation compared to visiting several countries?
Give reasons or examples to support your opinion.

PREPARATION TIME	RESPONSE TIME
00:00:45	00:01:00

Solitaire Resort New Employee Orientation

November 16, Monday

09:30 AM - 10:00 AM	Introduction to Management
10:00 AM - 10:30 AM	Presentation: Employee Benefits, Erin Morris
10:30 AM - 11:00 AM	Demonstration, Jessica Martines •Resort Security Procedures *Postponed*
11:00 AM - 12:00 PM	Resort Tour
12:00 PM - 01:00 PM	Lunch Break (Resort's Chinese Restaurant)
01:00 PM - 02:00 PM	Demonstration, Cameron Simmons • Front Desk Etiquette • Emergency Response
02:00 PM - 03:30 PM	Workshop: Guest Reservation System

PREPARATION TIME	RESPONSE TIME
00:00:03	00:00:15

PREPARATION TIME	RESPONSE TIME
00:00:03	00:00:15

PREPARATION TIME	RESPONSE TIME
00:00:03	00:00:30

실전 모의고사 12

5일 만에 끝내는 토익스피킹

MP3 AT12_Questions

p.164

정답 및 해설

TOEIC Speaking

TOEIC Speaking Test Directions

This is the TOEIC Speaking test. This test includes 11 questions that measure different aspects of your speaking ability. The test lasts approximately 20 minutes.

Question	Task	Evaluation Criteria
1-2	Read a text aloud	· pronunciation · intonation and stress
3-4	Describe a picture	all of the above, plus · grammar · vocabulary · cohesion
5-7	Respond to questions	all of the above, plus · relevance of content · completeness of content
8-10	Respond to questions using information provided	all of the above
11	Express an opinion	all of the above

TOEIC Speaking

Questions 1-2: Read a text aloud

Directions: In this part of the test, you will read aloud the text on the screen. You will have 45 seconds to prepare. Then you will have 45 seconds to read the text aloud.

TOEIC Speaking

Question 1 of 11

Thank you for calling Madison Cinema, Bristol's favorite movie theater. This week, we are offering special discounts on popcorn, sweets, and other snacks. Press one to hear the list of this week's movies, or press two to buy tickets in advance. For any other requests, press three to speak to a staff member.

PREPARATION TIME	RESPONSE TIME
00:00:45	00:00:45

TOEIC Speaking

Question 2 of 11

Tonight on local news, we'll be reporting on a new shopping mall in Winchester scheduled to be built over the next 6 months. The mall will sell a variety of clothing, electronics, and household items. If you want to hear more about this project and get a preview of the mall's design, join us tonight at 8 P.M.

PREPARATION TIME	RESPONSE TIME
00:00:45	00:00:45

PREPARATION TIME
00:00:45

RESPONSE TIME
00:00:30

TOEIC Speaking

Questions 3-4: Describe a picture

Directions: In this part of the test, you will describe the picture on your screen in as much detail as you can. You will have 45 seconds to prepare your response. Then you will have 30 seconds to speak about the picture.

TOEIC Speaking   Question 3 of 11

PREPARATION TIME
00:00:45

RESPONSE TIME
00:00:30

TOEIC Speaking

Questions 5-7: Respond to questions

Directions: In this part of the test, you will answer three questions. You will have three seconds to prepare after you hear each question. You will have 15 seconds to respond to Questions 5 and 6, and 30 seconds to respond to Question 7.

TOEIC Speaking

Imagine that a British fitness magazine is preparing an article on exercise habits. You have agreed to participate in a telephone interview about walking.

TOEIC Speaking | Question 5 of 11

Imagine that a British fitness magazine is preparing an article on exercise habits. You have agreed to participate in a telephone interview about walking.

How often do you walk for exercise, and at what time of the day do you prefer to walk?

PREPARATION TIME 00:00:03   RESPONSE TIME 00:00:15

TOEIC Speaking | Question 6 of 11

Imagine that a British fitness magazine is preparing an article on exercise habits. You have agreed to participate in a telephone interview about walking.

If you wanted to go for a walk, where would you go, and why?

PREPARATION TIME 00:00:03   RESPONSE TIME 00:00:15

TOEIC Speaking | Question 7 of 11

Imagine that a British fitness magazine is preparing an article on exercise habits. You have agreed to participate in a telephone interview about walking.

People exercise in many different ways. What are some advantages of choosing walking instead of other exercise?

PREPARATION TIME 00:00:03   RESPONSE TIME 00:00:30

New Orleans Orchestra

North America Tour schedule

Date	Location	Ticket information
Saturday, June 3rd	East Oak Theater, Houston	Early show (2 PM): $30 - *Sold out* Late show (8 PM): $45
Friday, June 8th	Stardust Theater, New York	Early show (2 PM): $30 - *Sold out* Late show (7 PM): $45 - *Sold out*
Saturday, June 10th	Scala Art Center, Toronto	Early show (3 PM): $40 Late show (7 PM): $55 - *Sold out*

PREPARATION TIME
00:00:45

Questions 8-10: Respond to questions using information provided

Directions: In this part of the test, you will answer three questions based on the information provided. You will have 45 seconds to read the information before the questions begin. You will have three seconds to prepare and 15 seconds to respond to Questions 8 and 9. You will hear Question 10 two times. You will have three seconds to prepare and 30 seconds to respond to Question 10.

Question 11: Express an opinion

Directions: In this part of the test, you will give your opinion about a specific topic. Be sure to say as much as you can in the time allowed. You will have 45 seconds to prepare. Then you will have 60 seconds to speak.

Question 11 of 11

Do you agree or disagree with the following statement?

It is more effective for teachers to conduct a class humorously for students' education.

Give reasons or examples to support your opinion.

PREPARATION TIME	RESPONSE TIME
00:00:45	00:01:00

New Orleans Orchestra

North America Tour schedule

Date	Location	Ticket information
Saturday, June 3rd	East Oak Theater, Houston	Early show (2 PM): $30 - *Sold out* / Late show (8 PM): $45
Friday, June 8th	Stardust Theater, New York	Early show (2 PM): $30 - *Sold out* / Late show (7 PM): $45 - *Sold out*
Saturday, June 10th	Scala Art Center, Toronto	Early show (3 PM): $40 / Late show (7 PM): $55 - *Sold out*

PREPARATION TIME	RESPONSE TIME
00:00:03	00:00:15

PREPARATION TIME	RESPONSE TIME
00:00:03	00:00:15

PREPARATION TIME	RESPONSE TIME
00:00:03	00:00:30

🎧 MP3 AT13_Questions

📖 정답·해설 p.174

TOEIC Speaking

TOEIC Speaking Test Directions

This is the TOEIC Speaking test. This test includes 11 questions that measure different aspects of your speaking ability. The test lasts approximately 20 minutes.

Question	Task	Evaluation Criteria
1-2	Read a text aloud	· pronunciation · intonation and stress
3-4	Describe a picture	all of the above, plus · grammar · vocabulary · cohesion
5-7	Respond to questions	all of the above, plus · relevance of content · completeness of content
8-10	Respond to questions using information provided	all of the above
11	Express an opinion	all of the above

TOEIC Speaking

Questions 1-2: Read a text aloud

Directions: In this part of the test, you will read aloud the text on the screen. You will have 45 seconds to prepare. Then you will have 45 seconds to read the text aloud.

TOEIC Speaking   Question 1 of 11

Welcome to USC Career Center, where we help people find jobs. Today, I'd like to introduce our new job database. You can use this database to search for jobs, receive updates, and submit your resume with a single click. Additionally, our resources and database can help you promote yourself to employers who may be interested in your work skills.

PREPARATION TIME	RESPONSE TIME
00:00:45	00:00:45

TOEIC Speaking   Question 2 of 11

Thanks for joining us at Community Radio. Our next guest is Dr. Naomi Evans, who has a new book about maintaining a balanced lifestyle. Dr. Evans has been a leading figure in the field of emotional stability and mental wellness. She has authored numerous books about brain health, mind control techniques, and relieving stress. Dr. Evans, thank you for joining us today.

PREPARATION TIME	RESPONSE TIME
00:00:45	00:00:45

PREPARATION TIME   00:00:45   RESPONSE TIME   00:00:30

Questions 3-4: Describe a picture

Directions: In this part of the test, you will describe the picture on your screen in as much detail as you can. You will have 45 seconds to prepare your response. Then you will have 30 seconds to speak about the picture.

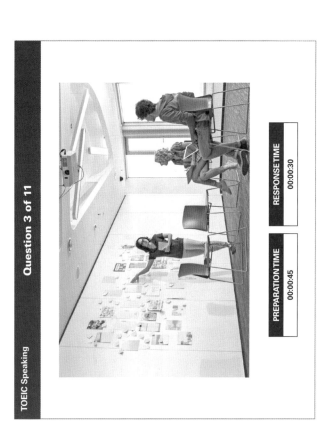

PREPARATION TIME   00:00:45   RESPONSE TIME   00:00:30

TOEIC Speaking

Questions 5-7: Respond to questions

Directions: In this part of the test, you will answer three questions. You will have three seconds to prepare after you hear each question. You will have 15 seconds to respond to Questions 5 and 6, and 30 seconds to respond to Question 7.

TOEIC Speaking

Imagine that a Canadian lifestyle magazine is preparing an article on transportation options. You have agreed to participate in a telephone interview about bicycling.

TOEIC Speaking

Question 5 of 11

Imagine that a Canadian lifestyle magazine is preparing an article on transportation options. You have agreed to participate in a telephone interview about bicycling.

How often do you ride a bicycle and why?

PREPARATION TIME	RESPONSE TIME
00:00:03	00:00:15

TOEIC Speaking

Question 6 of 11

Imagine that a Canadian lifestyle magazine is preparing an article on transportation options. You have agreed to participate in a telephone interview about bicycling.

Do you ride a bicycle when you want to go around the city? Why or why not?

PREPARATION TIME	RESPONSE TIME
00:00:03	00:00:15

TOEIC Speaking

Question 7 of 11

Imagine that a Canadian lifestyle magazine is preparing an article on transportation options. You have agreed to participate in a telephone interview about bicycling.

Do you think it is a good idea to provide a separate lane for bicycle riders? Why or why not?

PREPARATION TIME	RESPONSE TIME
00:00:03	00:00:30

Vista City Annual Festival

June 21, Riverside Park

Tickets: $15 (Adults) / $8 (Children 12 and under)

Time	Programs	Location
9:00 – 10:20 AM	Face Painting Event	Park Entrance
10:30 – 11:00 AM	Puppet Show "King and I"	Family Hall
11:15 AM – 12:30 PM	Cooking Contest (Registration required by June 15)	Family Hall
1:30 – 2:00 PM	Concert: Clinton Youth Band	Main Stage
2:30 – 3:00 PM	Magic Show: Paul Cash	Main Stage
3:15 – 4:00 PM	Concert: Vista City Orchestra	Main Stage

PREPARATION TIME

00:00:45

Questions 8-10: Respond to questions using information provided

Directions: In this part of the test, you will answer three questions based on the information provided. You will have 45 seconds to read the information before the questions begin. You will have three seconds to prepare and 15 seconds to respond to Questions 8 and 9. You will hear Question 10 two times. You will have three seconds to prepare and 30 seconds to respond to Question 10.

Question 11: Express an opinion

Directions: In this part of the test, you will give your opinion about a specific topic. Be sure to say as much as you can in the time allowed. You will have 45 seconds to prepare. Then you will have 60 seconds to speak.

Which of the following is likely to decrease the most in cities over the next ten years?

Choose one of the options below and give reasons or examples to support your opinion.

- Public libraries
- Schools
- Banks

PREPARATION TIME	RESPONSE TIME
00:00:45	00:01:00

Vista City Annual Festival

June 21, Riverside Park

Tickets: $15 (Adults) / $8 (Children 12 and under)

Time	Programs	Location
9:00 – 10:20 AM	Face Painting Event	Park Entrance
10:30 – 11:00 AM	Puppet Show "King and I"	Family Hall
11:15 AM – 12:30 PM	Cooking Contest (Registration required by June 15)	Family Hall
1:30 – 2:00 PM	Concert: Clinton Youth Band	Main Stage
2:30 – 3:00 PM	Magic Show: Paul Cash	Main Stage
3:15 – 4:00 PM	Concert: Vista City Orchestra	Main Stage

PREPARATION TIME	RESPONSE TIME
00:00:03	00:00:15

PREPARATION TIME	RESPONSE TIME
00:00:03	00:00:15

PREPARATION TIME	RESPONSE TIME
00:00:03	00:00:30

68

5일 만에
끝내는
토익스피킹

실전 모의고사 14

MP3 AT14_Questions

p.184

TOEIC Speaking

TOEIC Speaking Test Directions

This is the TOEIC Speaking test. This test includes 11 questions that measure different aspects of your speaking ability. The test lasts approximately 20 minutes.

Question	Task	Evaluation Criteria
1-2	Read a text aloud	· pronunciation · intonation and stress
3-4	Describe a picture	all of the above, plus · grammar · vocabulary · cohesion
5-7	Respond to questions	all of the above, plus · relevance of content · completeness of content
8-10	Respond to questions using information provided	all of the above
11	Express an opinion	all of the above

TOEIC Speaking

Questions 1-2: Read a text aloud

Directions: In this part of the test, you will read aloud the text on the screen. You will have 45 seconds to prepare. Then you will have 45 seconds to read the text aloud.

TOEIC Speaking

Question 1 of 11

Are you worried about your valuables getting damaged when you travel? Worry no more, because now you can purchase the ShieldPro Bag. This durable and waterproof travel case protects your jewelry, mobile phone, and other important items from damage. What's more, it comes in a variety of unique colors and sizes. Buy your ShieldPro Bag today and keep your valuables safe!

PREPARATION TIME	RESPONSE TIME
00:00:45	00:00:45

TOEIC Speaking

Question 2 of 11

Ladies and gentlemen, welcome to tonight's performance featuring the city's best actors, musicians, and dancers. While you are watching the performance, please keep in mind that taking pictures is not allowed. In addition, we request that you keep your mobile phones switched off at all times. Thank you for your cooperation.

PREPARATION TIME	RESPONSE TIME
00:00:45	00:00:45

PREPARATION TIME 00:00:45

RESPONSE TIME 00:00:30

TOEIC Speaking

Questions 3-4: Describe a picture

Directions: In this part of the test, you will describe the picture on your screen in as much detail as you can. You will have 45 seconds to prepare your response. Then you will have 30 seconds to speak about the picture.

PREPARATION TIME 00:00:45

RESPONSE TIME 00:00:30

Questions 5-7: Respond to questions

Directions: In this part of the test, you will answer three questions. You will have three seconds to prepare after you hear each question. You will have 15 seconds to respond to Questions 5 and 6, and 30 seconds to respond to Question 7.

Imagine that a local press company is conducting research in your country to collect information for an article. You have agreed to participate in a telephone interview about conversation.

Imagine that a local press company is conducting research in your country to collect information for an article. You have agreed to participate in a telephone interview about conversation.

When you meet your friends, where do you usually go, and what do you normally talk about?

PREPARATION TIME	RESPONSE TIME
00:00:03	00:00:15

Imagine that a local press company is conducting research in your country to collect information for an article. You have agreed to participate in a telephone interview about conversation.

When talking with your friends, do you prefer sending text messages or making phone calls?

PREPARATION TIME	RESPONSE TIME
00:00:03	00:00:15

Imagine that a local press company is conducting research in your country to collect information for an article. You have agreed to participate in a telephone interview about conversation.

Who is your favorite person to have a conversation with? Why?

PREPARATION TIME	RESPONSE TIME
00:00:03	00:00:30

Questions 8-10: Respond to questions using information provided

Directions: In this part of the test, you will answer three questions based on the information provided. You will have 45 seconds to read the information before the questions begin. You will have three seconds to prepare and 15 seconds to respond to Questions 8 and 9. You will hear Question 10 two times. You will have three seconds to prepare and 30 seconds to respond to Question 10.

Magnificent Moment

Daily agenda of Mandy Cooper, Event Planner (May 23)

9:00 AM	Site inspection at Grandview Hotel
11:00 AM	Call Rachel Green - Discuss wedding schedule
11:30 AM	Video Conference - Presentation: Westfield College Graduation Ceremony
2:00 PM	Meeting (Andrew Simmons, Pure Kitchen Catering) - Discuss menu pricing
4:00 PM	Visit Camelia Flower Market - Pick up flower samples

PREPARATION TIME
00:00:45

72

Question 11: Express an opinion

Directions: In this part of the test, you will give your opinion about a specific topic. Be sure to say as much as you can in the time allowed. You will have 45 seconds to prepare. Then you will have 60 seconds to speak.

Question 11 of 11

When training new employees, some companies make them work with experienced employees. On the other hand, some companies provide online training videos. Which training method is more effective and why?
Give reasons and examples to support your opinion.

PREPARATION TIME	RESPONSE TIME
00:00:45	00:01:00

Questions 8-10 of 11

Magnificent Moment

Daily agenda of Mandy Cooper, Event Planner (May 23)

9:00 AM	Site inspection at Grandview Hotel
11:00 AM	Call Rachel Green - Discuss wedding schedule
11:30 AM	Video Conference - Presentation: Westfield College Graduation Ceremony
2:00 PM	Meeting (Andrew Simmons, Pure Kitchen Catering) - Discuss menu pricing
4:00 PM	Visit Camelia Flower Market - Pick up flower samples

PREPARATION TIME	RESPONSE TIME
00:00:03	00:00:15

PREPARATION TIME	RESPONSE TIME
00:00:03	00:00:15

PREPARATION TIME	RESPONSE TIME
00:00:03	00:00:30

MP3 AT15_Questions

p.194

해커스톡탐

TOEIC Speaking

TOEIC Speaking Test Directions

This is the TOEIC Speaking test. This test includes 11 questions that measure different aspects of your speaking ability. The test lasts approximately 20 minutes.

Question	Task	Evaluation Criteria
1-2	Read a text aloud	· pronunciation · intonation and stress
3-4	Describe a picture	all of the above, plus · grammar · vocabulary · cohesion
5-7	Respond to questions	all of the above, plus · relevance of content · completeness of content
8-10	Respond to questions using information provided	all of the above
11	Express an opinion	all of the above

TOEIC Speaking

Questions 1-2: Read a text aloud

Directions: In this part of the test, you will read aloud the text on the screen. You will have 45 seconds to prepare. Then you will have 45 seconds to read the text aloud.

TOEIC Speaking   Question 1 of 11

Thank you for calling Geodis Shipping and Delivery, the solution for all your shipping needs. Please listen carefully to the following options. For package tracking information, please press one. For more information on shipping rates, delivery times, and store locations, please press two. If you'd like to speak with a customer service representative, please press three.

PREPARATION TIME	RESPONSE TIME
00:00:45	00:00:45

TOEIC Speaking   Question 2 of 11

Thank you for attending the publication ceremony for the cookbook by famous chef Tina Campbell. In 30 minutes, she will give a talk about her book and introduce some of her secret recipes. In the meantime, feel free to read the book, enjoy the recipe samples, or purchase a copy. After the talk, she will sign copies of the cookbook for guests.

PREPARATION TIME	RESPONSE TIME
00:00:45	00:00:45

Questions 3-4: Describe a picture

Directions: In this part of the test, you will describe the picture on your screen in as much detail as you can. You will have 45 seconds to prepare your response. Then you will have 30 seconds to speak about the picture.

Questions 5-7: Respond to questions

Directions: In this part of the test, you will answer three questions. You will have three seconds to prepare after you hear each question. You will have 15 seconds to respond to Questions 5 and 6, and 30 seconds to respond to Question 7.

Imagine that an Australian housing association is doing research in your area. You have agreed to participate in a telephone interview about a town where you would like to live.

Imagine that an Australian housing association is doing research in your area. You have agreed to participate in a telephone interview about a town where you would like to live.

How long have you been living in your current house, and who do you live with?

PREPARATION TIME	RESPONSE TIME
00:00:03	00:00:15

Imagine that an Australian housing association is doing research in your area. You have agreed to participate in a telephone interview about a town where you would like to live.

Do you have a plan to move out in the near future? Why or why not?

PREPARATION TIME	RESPONSE TIME
00:00:03	00:00:15

Imagine that an Australian housing association is doing research in your area. You have agreed to participate in a telephone interview about a town where you would like to live.

If you were to move to a new home, would you prefer to live in a single-family home or an apartment?

PREPARATION TIME	RESPONSE TIME
00:00:03	00:00:30

Questions 8-10: Respond to questions using information provided

Directions: In this part of the test, you will answer three questions based on the information provided. You will have 45 seconds to read the information before the questions begin. You will have three seconds to prepare and 15 seconds to respond to Questions 8 and 9. You will hear Question 10 two times. You will have three seconds to prepare and 30 seconds to respond to Question 10.

Prestige Financial Advisors

Candidate Interview Schedule (June 15th, Meeting Room A)

Time	Applicant	Position	Current Employment
9:00 A.M.	Jane Roberts	Senior Accountant	Prime Financial Group
9:45 A.M.	Michael Adams	Financial Analyst	Global Marketing Solutions
11:15 A.M.	Daniel Taylor	Project Manager	Stellar Enterprises
1:45 P.M.	Robert Miller	IT Specialist	VisionaryTech Innovators
2:30 P.M.	Grace White	Financial Analyst	Silver Line Investments
3:15 P.M.	~~Thomas Baker~~	~~Office Manager~~ *Canceled*	~~Apex Business Solutions~~

PREPARATION TIME
00:00:45

Question 11: Express an opinion

Directions: In this part of the test, you will give your opinion about a specific topic. Be sure to say as much as you can in the time allowed. You will have 45 seconds to prepare. Then you will have 60 seconds to speak.

Which of the following factors is the most important when deciding to choose a job?

Choose one of the options below and give reasons or examples to support your opinion.

- The location of the company
- Fixed working hours
- Long vacation

PREPARATION TIME	RESPONSE TIME
00:00:45	00:01:00

Prestige Financial Advisors
Candidate Interview Schedule (June 15th, Meeting Room A)

Time	Applicant	Position	Current Employment
9:00 A.M.	Jane Roberts	Senior Accountant	Prime Financial Group
9:45 A.M.	Michael Adams	Financial Analyst	Global Marketing Solutions
11:15 A.M.	Daniel Taylor	Project Manager	Stellar Enterprises
1:45 P.M.	Robert Miller	IT Specialist	Visionary Tech Innovators
2:30 P.M.	Grace White	Financial Analyst	Silver Line Investments
3:15 P.M.	~~Thomas Baker~~	~~Office Manager~~ *Canceled*	~~Apex Business Solutions~~

PREPARATION TIME	RESPONSE TIME
00:00:03	00:00:15

PREPARATION TIME	RESPONSE TIME
00:00:03	00:00:15

PREPARATION TIME	RESPONSE TIME
00:00:03	00:00:30

Scratch Paper

Scratch Paper

* 실제 시험장에서 나눠주는 메모장(Scratch Paper)과 유사하게 제작한 필기 연습 부분입니다.
평소 모의고사 학습 진행 시 실전감 향상을 위해 활용하실 수 있습니다.

5일 만에 끝내는
TOEIC
Speaking
실전모의고사 20회

Q1-2 지문 읽기

❶ 답변 전략

· 아래 네 가지 포인트에 유의하여 지문을 읽어주세요.

현장감	실제 상황에서 말하듯 자신감 있게 읽으세요.	억양	콤마, 물음표는 끝음을 올려 읽으세요.
강세	중요한 정보를 가진 단어를 강하게 읽으세요.	끊어 읽기	콤마, 마침표, 접속사 앞, 관계사 앞, 긴 주어 뒤에서 끊어 읽으세요.

· 일정한 속도와 리듬으로 지문을 읽어주세요.

· 발음이 확실하지 않은 단어는 위축되지 말고 자신있게 발음하세요.

· 긴 문장을 읽을 때 목소리가 점점 작아지지 않도록 주의하세요.

❷ 지문 예시

· 광고 (홈쇼핑에서 여행용 가방을 판매하는 홈쇼핑 진행자)

Are you worried about your valuables getting damaged / when you travel↗? / Worry no more↗, / because now you can purchase the ShieldPro Bag. / This durable / and waterproof travel case / protects your jewelry↗, / mobile phone↗, / and other important items from damage.

여행 중에 귀중품이 손상될까 걱정되시나요? 이제 쉴드프로 가방을 구입할 수 있으니 더 이상 걱정하지 마세요. 이 내구성과 방수 기능이 뛰어난 여행용 케이스는 귀중품, 휴대전화 및 기타 중요한 물품을 손상으로부터 보호합니다.

답변을 녹음해서 들어보며 내 말투와 어조가 홈쇼핑 진행자와 얼마나 비슷한 지 판단해 보세요.

Q3-4 사진 묘사하기

❶ 답변 전략

· 장소 - 주요 대상(인물 및 사물) 순으로 답변합니다.

· 머릿속에 떠오르는 표현을 그대로 영작하기보다는 쉽고 간결한 표현을 이용해서 대상을 묘사합니다.

· 답변의 길이나 속도보다는 문장의 문법적 완성도에 더 유의합니다.

· 일정한 리듬으로 자신감 있게 답변합니다. 답변의 창작 구간에서 답변 속도나 목소리 크기가 작아지지 않도록 유의합니다.

❷ 사진 예시

장소	사진이 찍힌 장소를 설명합니다. *장소 앞에 형용사를 붙이거나 접속사 or을 써서 장소를 두 개 설명 가능* I think this picture was taken at a flea market. *외워서 말하는 구간은 서두르지 말고 천천히* · *장소 명사 크게 말하기* 이 사진은 벼룩시장에서 찍힌 것 같습니다.
주요 대상	비중이 큰 인물과 사물을 약 세네 문장으로 설명합니다. 답변의 구성은 사진의 유형에 따라 달라집니다. *위치 표현은 천천히 강세를 두어 읽기* · *분사 wearing을 사용해서 비중이 큰 인물의 동작과 인상착의를 함께 묘사하기* On the right side of the picture, a woman wearing a white T-shirt is testing a camera. *동작이 분명하지 않으면 사람 명사 앞에 it seems like를 더하기* On the left side of the picture, a man is looking at her while sitting under a yellow parasol. He is wearing a brown cap. · *접속사 while을 사용해서 두 가지 동작을 한 번에 말하기* · *사물 앞에 사이즈나 색깔 형용사 더하기* In front of him, many cameras are displayed on the table. *사물을 설명할 때 수동태를 먼저 고려한 후, 적절한 표현이 없으면 "there is" 혹은 "I can see" 사용* 사진의 오른쪽에, 흰색 티셔츠를 입고 있는 여자가 카메라를 테스트하고 있습니다. 사진의 왼쪽에, 한 남자가 노란 파라솔 아래에 앉아서 여자를 쳐다보고 있습니다. 그는 갈색 모자를 쓰고 있습니다. 그의 앞에, 많은 카메라가 테이블 위에 진열되어 있습니다.

❶ 5, 6번 - 두 가지를 묻는 유형 (15초)

Q. When was the last time you stayed in a hotel, and how long did you stay?

마지막으로 호텔에 머문 적이 언제였고, 얼마나 오래 머물렀나요?

A. The last time I stayed in a hotel was about 3 months ago, and I stayed for 2 days.

마지막으로 호텔에 머무른 것은 약 3개월 전이고, 이틀 머물렀습니다.

- 의문사와 시제에 유의해서 질문 해석하기
- 답변의 주어 선정하기
- 강세, 억양, 끊어 읽기에 유의해서 답변하며 의문사에 대한 답변을 자신 있게 말하기

❷ 5, 6번 - 이유를 추가로 묻는 유형 (15초)

Q. Would you prefer to make hotel reservations online or by phone? Why?

온라인 혹은 휴대폰으로 호텔 예약을 하는 것 중 어떤 것을 선호하나요? 그 이유는 무엇인가요?

A. I would prefer to make hotel reservations online. It's because it is convenient to compare room options.

저는 온라인으로 호텔 예약하는 것을 선호합니다. 왜냐하면 객실 선택지를 비교하는 것이 편리하기 때문입니다.

- 시제와 문법에 유의해서 첫 번째 질문에 답변하기
- 다음 페이지의 다섯가지 구문을 이용해서 이유 설명하기

❸ 7번 - 선택형 혹은 비선택형 유형 (30초)

Q. When choosing a hotel, which of the following is the most important to you, and why?
  ·A good view from the window   ·Breakfast provided by the hotel

호텔을 선택할 때, 어떤 점이 가장 중요한가요? 그리고 그 이유는 무엇인가요?
  ·창가에서 바라보는 좋은 경치 ·호텔에서 제공되는 조식

A.

시작	I think breakfast provided by the hotel is the most important to me. 호텔에서 제공하는 조식이 저에게 가장 중요하다고 생각합니다.	
이유 1 + 추가 문장	It's because I don't need to look for a restaurant in the morning. 왜냐하면 아침에 식당을 찾을 필요가 없기 때문입니다.	So, I can use my time more efficiently while traveling. 그래서 여행 중에 시간을 더 효과적으로 사용할 수 있습니다.
이유 2 + 추가 문장	Also, most hotels provide excellent breakfast menus. 또한, 대부분의 호텔은 훌륭한 아침식사 메뉴를 제공합니다.	So, I can have a healthy and luxurious breakfast. 그래서 저는 건강하고 호화로운 아침식사를 할 수 있습니다.

- 시제와 문법에 유의해서 시작 문장 만들기
- 두 가지 이유를 설명하고, 시간이 남으면 두 번째 이유와 자연스럽게 이어지는 추가 문장을 덧붙이기

  시작 문장 ◉ 이유 1 (It's because) ◉ 이유 2 (Also,) ◉ 추가 문장 (시간이 남을 시)

- 두 번째 이유가 떠오르지 않을 경우 첫 번째 이유와 자연스럽게 이어지는 추가 문장 만들기

  시작 문장 ◉ 이유 (It's because) ◉ 추가 문장 ◉ 이유 2 (Also,) (시간이 남을 시)

can + 동사	It is + 형용사 + to동사	There is/are + 명사	should/need to + 동사	don't have to + 동사
'동사' 할 수 있다	'동사'하는 것은 '형용사'하다	(어떤 장소에) '명사'가 있다	'동사'해야 한다	'동사'할 필요가 없다

Q8-10 제공된 정보를 사용하여 질문에 답하기

❶ 준비시간 45초 활용법

The Chicago Times
Spring Internship Orientation   프로그램 유형을 미리 파악해두기 (orientation)
Monday, March 5, Conference Room B   시간과 장소명사 앞에 둘 전치사 생각해두기 (on, in)

Time	Session
10:00 – 10:30	Introduction (John Smith, Chief Editor) 명사 앞에 울 동사 생각해두기 (give)
10:30 – 11:15	~~Tour: Newsroom~~ (Moved to Thursday) 변경된 내용을 확인하고 전후의 일정도 함께 확인해두기
11:15 – 12:15	Presentation: Benefits Overview 키워드 간 적합한 연결어 생각해두기 (on)
12:15 – 1:30	Lunch Break
1:30 – 2:20	Presentation: Effective Communication in Writing (Maeve Lopez, Content Editor) 두 번 이상 반복해서 등장하는 명사 찾아두기, 발음이 어려운 고유명사 반복해서 읽기

*Lunch provided (Vegetarian meals available)
하단의 유의사항을 확인 후, 빠진 동사를 채워 완성된 문장 만들기 (is, are)

Hi, this is Tim Thomas, the manager of the Human Resources Department. I have a few questions about the new employee orientation schedule you're putting together.

안녕하세요, 저는 인사부 관리자 팀 토마스입니다. 준비 중이신 신입사원 오리엔테이션 일정에 대해 몇 가지 질문이 있어요.

TIP 직장 동료인 인사부서 직원과의 대화이므로 답변의 주어는 we(주최 측) 혹은 they(인턴 사원)가 됩니다.

❷ Q8-10 답변에 자주 사용되는 전치사와 동사

• 전치사

전치사	역할	뒤에 오는 명사
on	프로그램 주제 설명	프로그램 제목 및 주제
with	함께하는 사람 설명	사람 이름
by	진행하는 사람 설명	사람 이름

• 동사

동사	역할	뒤에 오는 명사
give	단독으로 진행하며 정보를 제공	speech, presentation, lecture
lead	프로그램의 사회자	seminar, workshop, discussion, session
have	주도적으로 행사를 계획하거나 참여	meeting, conference call
attend	타인이 주최하는 행사에 참여자로서 참석	conference, workshop, seminar

Q11 의견 제시하기

Q. Do you agree or disagree with the following statement?
It is more effective for teachers to conduct a class humorously for the students' education.
Give reasons or examples to support your opinion.

다음의 의견에 동의하시나요, 아니면 반대하시나요?
교사들이 수업을 유머러스하게 진행하는 것은 학생들의 교육에 더 효과적이다.
당신의 의견을 뒷받침하기 위한 이유나 예시를 제시하세요.

❶ 준비 시간 활용법

준비 시간동안 답변 아이디어의 주요 키워드를 우리말 혹은 영어로 적어 두세요.
나만의 필기 전략을 만들어 두는 것도 좋은 방법입니다.

❷ 답변 구성

입장	I agree that it is more effective for teachers to conduct a class humorously for the students' education. 저는 교사들이 수업을 유머러스하게 진행하는 것은 학생들의 교육에 더 효과적이라는 것에 동의합니다. · 시작 문장은 서두르지 말고 천천히 읽으세요. · 문제가 길면 적절한 지점에서 자르거나 간단히 줄여서 말해도 괜찮습니다. 예) I agree with the following statement.
이유	Most of all, teachers can draw students' attention easily. 무엇보다도, 선생님들은 학생들의 주의를 쉽게 끌 수 있습니다. · 이유 문장의 주어로 1인칭 단수(I)는 사용하지 않습니다. So, more students can concentrate on the class. 그래서 더 많은 학생들이 공부에 집중할 수 있습니다. · Q5-7에서 학습한 '이유 설명에 자주 사용되는 구문'을 이용해서 이유 문장을 만드세요. · 그 후, 이어지는 결과(So,) 혹은 보강 설명(Specifically,)을 위한 추가 문장을 더하세요. (어려우면 생략)

긍정적 예시	도입	When I was a high school student, my history teacher was very humorous. 제가 고등학생이었을 때, 제 역사 선생님은 매우 유머러스했습니다. · 만약 예시가 하나의 연극이라면 '도입'은 그 무대를 만드는 단계입니다. 상황이 발생한 배경을 간단히 소개하세요. · 항상 시제에 주의해서 답변하세요.
	전개	He explained Korean history very interestingly. 그는 한국사를 매우 흥미롭게 설명했습니다. For example, he often made funny jokes about the Kings of Korea. 예를 들면, 그는 한국의 왕들에 대한 재미있는 농담을 자주 했습니다. 이후의 상황을 구체적으로 설명합니다. 위의 답변에서는 선생님이 어떻게 유머러스했는지 구체적인 예를 들고 있습니다.
	결과	As a result, many students looked forward to the history class. 그 결과, 많은 학생들이 역사 수업을 기대했습니다. 예시의 결과는 이유 문장과 일부 중복될 수 있으며, 이는 크게 문제가 되지 않습니다. 예) As a result, we could concentrate on the class easily.

· 경험 기반 예시와 일반적 예시 중 경험 기반 예시를 사용한 답변입니다.
· 위 내용을 부정적인 예시로 변경해 보세요. (유머러스하지 않은 역사 선생님으로 인해 생긴 부정적인 경험 설명)